오사카 상인의 지독한 돈벌기 76가지 방법

소큐 도미코 지음 / 미래경제연구회·진준태 엮음

오사카 상인의 상술

1. 장사를 하더라도 욕심부리지 않는다.
2. 부귀하더라도 우쭐대지 않는다.
3. 베풀더라도 공치사하지 않는다.
4. 잘 되더라도 방심하지 않는다.
5. 어리석더라도 비방하지 않는다.
6. 보기 딱해도 비웃지 않는다.
7. 가난하더라도 깔보지 않는다.
8. 지혜가 있더라도 자만하지 않는다.
9. 분별이 있더라도 나서지 않는다.
10. 재주가 많더라도 오만하지 않는다.
11. 한가하더라도 놀러 다니지 않는다.
12. 재물이 있더라도 호사하지 않는다.

책머리에
잃으면서도 이익을 얻는다

오사카의 상인이 도쿠가와 시대(1603~1867)의 기타하마(오사카 주식 거래소가 있는 곳)에서 다이묘(넓은 영지를 가진 무사)에게 돈을 빌려 주면, 처음에는 이자를 받지만 차차 흐지부지되고 만다.

도쿠가와 바쿠후(도쿠가와 무가의 본부)에 돈을 빌려 주면 사정은 훨씬 더 나쁘다. 빼앗긴 거나 다름이 없다. 아예 회수 불가능한 대출을 하는 꼴이므로 이익이 있을 리 없다.

그렇다고 해서 오사카의 상인들이 다 망해 버렸느냐 하면 천만의 말씀, 오히려 그 반대로 계속 번영했으니 이상한 일이다. 어디엔가 번영의 비밀이 있어야 한다. 바로 그런 점 때문에 도쿠가와 시대의 오사카 상인들은 제법 연구의 대상이 될 만큼 흥미롭다.

잃으면서도 이익을 본다. 그 이익을 얻기 위해서는 무엇이 필요한가.

① 뛰어난 원가 계산
② 고객 중심의 서비스 정신
③ 평소의 연구와 공부
④ 인색, 알뜰, 절약
⑤ 빠른 눈치

등 이루 헤아릴 수 없는 상인의 덕목이 각각 충분히 갖추어져 있었다. 그밖에도 인내와 올바른 상도덕과 금전관(金錢觀)이 있었다.

인화가 얼마나 중요한지도 이미 알고 있었다.

이처럼 훌륭한 오사카 상인이던 나의 선조들은 겐로쿠 시대 (1688~1703) 직후에 후쿠미(교토 시 남쪽의 한 구)로부터 기타하마에 와서 쌀 중개업, 쌀장사, 다이묘 상대로 돈놀이, 창고업, 바쿠후에 돈 빌려 주기 등에 힘을 기울여 붕가 분세이 시대(도쿠가와 이에나리가 집권하고 있던 19세기 초)에 크게 번영했다. 메이지 시대(1885~1911. 일본의 개화기)에는 국립 제32은행을 설립하는 등 은행업도 시작했다.

전쟁의 참화를 모면했기 때문에 내게는 에도 시대부터의 고문서가 열 세 상자쯤 남아서 지금까지 전해져 왔다.

거기에는 재미있는 기록이 많은데, 오사카 경제사의 제1인자인 미야모토 유지 명예 교수가 '부디 오사카 대학에 기증해 달라'고 했기 때문에 고문서의 전부가 그 대학에 있다. 이제 잃어버릴 염려는 없게 된 셈이다.

나는 이와 같은 고문서를 기초로 한 실증적인 연구로부터 시작해서 금전과 상인의 문제를 취미 삼아 살펴본 지 반세기가 된다.

술은 한 방울도 마시지 않기 때문에 매일 밤 늦도록 공부를 하였는데, 모든 것을 알고 있는 아내는 그래도 퉁명스럽다.

"당신이 하는 것을 공부라고 말할 수는 없어요. 아무리 보아도 그건 공부가 아니에요. 너무너무 재미있으니까 그저 정신 없이 매일 밤 1시까지 그러시는 거지요."

좀체 공부라고는 인정해 주지 않을 심사이다.

나는 건망증이 심하므로 메모리 북을 언제나 손에서 놓지 않고 어떤 생각이 떠오르든 써놓아 둔다.

책 한 권을 읽다 보면 카드가 몇 장이나 불어난다. 카드를 마루에 쌓아 올리면 그 높이가 5미터를 훨씬 넘게 된다. 기록을 위한 도구를 언제나 갖춰 놓고, 항상 정보를 기다리는 자세를 취하고 있다.

몸에 지니고 다니는 카드는 코어 메모리이다. 책상에 정리해 두고 있을 때에는 데스크 메모리고.

이 메모리가 수천 매나 되면 정리 보관도 하나의 일거리이다. 하지만 내가 쓴 카드의 내용을 곧 기억해 낼 수 있기 때문에 아주 편리하다. 기록하는 것이 얼마나 사람을 강하게 하는가를 이들은 깨우쳐 준다.

그리고 도쿠가와 시대에 성공한 상인들도 또한 정보를 중요하게 여겼다는 것을 다시금 깨닫는다.

이 책에서는 이와 같은 내용을 바탕으로 '비지니스 센스' '상인의 정신' 등을 동서 고금의 각종 문헌으로부터 찾아내어 보았다.

장사와 관계없는 책에서도 많이 뽑았다. 물론 40여 년에 걸친 내 경험도 첨가했다.

그러나 진리는 동서양을 막론하고 어느 곳이나 같다. 같을 뿐아니라 아주 단순하다. 수천 권의 갖가지 책 속에는 주옥같은 말들이 숨겨져 있다. 그것을 찾아낼 수 있는 한 찾아내었다.

상인은 처음부터 돈을 버는 게 아니었다. 손님을 우선 기쁘게 할 뿐이다.

어머니의 기쁨은 어린애가 기뻐하는 것을 해 주는 것이다. 어린애가 기뻐하는 것을 보고 어머니도 기뻐한다.

상인도 마찬가지. 손님이 기뻐하는 것을 보고 참된 상인은 거기에서 만족을 얻는다.

또한 자기 한 사람만 돈을 버는 것도 아니다. 자기 혼자 돈을 벌려는 상인은 곧 상인 세계에서 밀려나게 된다. 그것을 알게 되기까지, 도대체 나는 몇 년 몇 십 년이 걸렸는가.

몇 백 권, 몇 천 권 읽는 가운데서 한 줄기 햇살을 발견했다. 이에 의하면 장사의 기본은 손님에 대한 사랑이었다.

사랑은 몰아의 경지이다. 궁극적인 사랑의 덕은 타인에의 절대 봉사였다. 그 결과로서 얻어지는 것이 자신의 행복과 성공이었을지도 모른다. 그것은 어디까지나 결과이며, 타인이 본 결과였던 것으로 생각한다.

장사의 극치는 곧 사랑이었다.

글로벌 시대를 눈앞에 두고 긴장과 격동이 고조되고 있는 90년대 말, 지금이야말로 불굴의 상혼과 기지에 넘친 지혜로써 격변의 시대를 극복했던 대 상인이나 경영자의 모습과 슬기가 필요할 때라고 생각한다.

그렇게 되는 데에 이 책이 조금이라도 도움이 된다면 지은이로서는 더 이상 바랄 게 없다.

지은이

추천의 말
돈을 벌어야 할 수많은 이유

당신은 부자가 될 권리가 있다.

당신은 풍족한 생활을 즐기고, 행복하며 자유롭게 살기 위해 이 세상에 태어났다. 그러므로 풍족하고 행복하며 부유한 생활을 하는데 필요한 돈을 충분히 가질 수 있어야 한다.

당신은 정신적으로나 물질적으로 성장하고 확대하며 전개하기 위해 이 세상에 존재한다. 그러므로 자기를 충분히 발전시키고 표현한다는 양보할 수 없는 권리를 가지고 있다.

당신은 자신을 아름다움과 호화스러움으로 둘러싸야 한다.

하지만 당신은 왜 잠재의식이 이 모든 것을 요구하고 있는데 겨우 살아가는 것으로 만족하려 하는가. 풍요롭게 살고 싶다는 당신의 욕구는 보다 충족되고, 보다 행복하며, 보다 훌륭한 생활을 보내고 싶다는 소원 아닌가.

그것은 우주적인 조화에 기초를 둔 최소한의 요구이다. 때문에 단지 좋다는 것이 아니라 대단히 좋은 것이다.

돈은 교환의 상징이다. 그것이 당신에게 의미하는 것은 결핍으로부터의 자유일 뿐 아니라 아름다움과 호화로움과 풍요와 세련이기도 하다.

　피가 당신 몸 속에서 자유롭게 순환하고 있을 때 당신은 건강하다.
　이와 마찬가지로 돈이 당신의 생활에 자유롭게 순환하고 있을 때 당신은 경제적으로 건강하다.
　그러나 돈을 상자에 넣어 놓고 걱정스런 마음으로 지내게 되면 이미 그 사람은 경제적으로 병이 든 상태이다.
　돈은 몇 세기 동안 교환의 수단으로 여러 가지 형태를 가지고 있었다. 소금이나 보석이나 옷감이나 장신구가 이용되거나 양이나 소의 수로 부를 측정했다. 지금은 화폐나 기타 유가증권을 쓰고 있다. 그것은 셈을 치를 때 많은 양을 데리고 다니는 것보다 훨씬 편리하기 때문이다
　당신은 아마 '나는 현재 벌고 있는 돈보다 훨씬 많은 돈을 받을 가치가 있는 인간이다'라고 말할지 모른다.
　많은 사람들은 자신이 충분한 보수를 받고 있지 않다고 생각한다. 그렇지만 그들이 충분한 돈을 받지 못하는 이유는 자신의 마음속에서 또는 입으로 돈을 욕하기 때문이다.
　그리고 또 하나의 이유는, 빈곤에는 어떤 미덕이 있다는 청빈 사상이 잠재의식에 뿌리 깊이 스며 있기 때문이다.
　"저는 정말로 돈을 미워합니다. 그것은 악의 근본입니다."
　다시 얘기하지만 이 말은 극히 혼란 상태에 있는 노이로제 증상인 마음의 표시이다. 물론 돈을 사랑하는 대신 다른 모든 것을 배척한다면 당신 역시 이런 환자와 별로 다를 게 없지만.
　'내게 필요한 것은 오직 돈뿐이다. 돈을 모으는데 모든 정력과 주의

를 기울일 뿐 다른 것은 어떻게 되어도 상관 없다.'

 그렇게 생각한다면 돈을 벌고 재산을 모을는지 모른다. 그러나 조화 있는 생활을 보내기 위해 이 세상에 나왔다는 사실을 잊은 것이 된다.

 당신은 경제적인 풍요와 함께 마음의 평화, 조화, 사랑, 기쁨, 건강도 추구하지 않으면 안 된다. 돈만을 유일한 목적으로 삼는 것은 잘못이라는 이야기이다.

 자기에게 필요한 것은 오직 돈뿐이라는 생각은 오랜 시간이 지난 후에야 자기가 원한 것은 돈만이 아니었다는 사실을 깨닫게 된다.

 자기의 재능을 펼쳐 높은 지위에 오르고 아름다움과 사랑과 행복을 누리며 남을 위해 헌신하는 기쁨도 누려 보아야 하지 않는가.

 가난에는 미덕이 들어 있지 않다. 마음의 병과 마찬가지로 그것도 일종의 병이다. 몸이 아프면 어딘가 병들었다고 생각한다. 그리고 곧 무슨 대책을 강구한다. 이와 같이 만일 당신 생활 속에 돈이 충분히 순환하지 않는다면 이 역시 어딘가 근본적으로 잘못 된 데가 있기 때문이다.

 당신 속에 있는 생명의 원리의 욕구는 성장과 확대와 풍부한 생활을 지향하고 있다.

 당신은 떨어진 헌 옷을 입고 초라한 집에서 굶주린 배를 움켜잡으며 살려고 이 세상에 나온 것이 아니다.

 당신은 행복하고 부유하며 성공해야 한다.

 돈에 대해 이상한 생각이나 행동은 하지 않아야 한다. 그러므로 지금부터라도 당신의 마음부터 바꾸지 않으면 안 된다. 돈이 나쁘다든지 더럽다고 생각해서는 절대로 안 된다.

  돈을 벌기 위해서는 하루에 몇 번씩이라도 이렇게 되새겨야 한다.

  '나는 돈이 좋다. 나는 돈을 사랑한다. 나는 돈을 현명하게 사용할 수 있다.'

  끊임없이 생활을 순환하도록 한다.

  '나는 돈을 즐겁게 놓아 주리라. 그러면 분명 몇 배가 되어 내게 다시 돌아온다. 돈은 좋은 것이다. 돈은 내게 쏟아져 들어와 넘칠 것이다. 그것을 좋은 일에 쓴다. 그리고 나는 그 풍요로움에 감사한다.'

  이렇게 계속 다짐한다. 잠재의식에 스며들어 그것이 결실을 맺을 때까지.

미즈카미 다쓰조
〈전 일본 무역협회 회장〉

오사카 상인의 지독한 돈벌기 76가지 방법

책머리에······ 3
추천의 말······ 7

1 오사카는 모든 게 온통 장삿속

1. 어렵기 때문에 돈을 번다······ 19
2. 오사카는 온통 장삿속······ 22
3. 엽전 세 닢으로는 크게 빌지 못해······ 25
4. 상인은 상인 냄새를 풍겨야 한다······ 28
5. 뜻밖에 생긴 돈은 내 것이 아냐······ 34
6. 희한하다 장사는······ 37
7. 한 사람이 모든 걸 하면 안돼······ 40
8. 나만의 목표를 세워 달성한다······ 43
9. 의연하게 돈 벌라 한다······ 47
10. 오사카 약종상의 인생계획······ 53
11. 누구에게 재산을 줄까······ 57
12. 머리 써서 돈 벌다······ 60

오사카 상인의 지독한 돈벌기 76가지 방법

2 오사카는 때를 놓치지 않는다

13. 바람둥이도 피는 못 속여 ······ 67
14. 필요할 때 살아나는 오사카 근성 ······ 69
15. 벼락부자가 된 상인 ······ 73
16. 취미도 돈벌이에 이용하는 오사카 상인 ······ 80
17. 돈 벌려면 장소를 가린다 ······ 83
18. 육감이 얼마나 중요한데 ······ 85
19. 서두르기보다 늦지 않는다 ······ 90
20. 돈벌이 되는 장사는 어디에나 있다 ······ 93
21. 오사카는 때를 놓치지 않는다 ······ 96
22. 우는 소리는 하지 않아 ······ 100
23. 돈 쓰기와 빌리기 ······ 103
24. 다른 업계의 경험을 이용한다 ······ 108
25. 억세고 아름다운 상인 근성 ······ 111
26. 용기 있는 장사꾼 ······ 115

오사카 상인의 지독한 돈벌기 76가지 방법

3 오사카 상인의 뛰어난 돈벌이 지혜
27. 매상만 올려서는 안 된다 …… 121
28. 지독한 상인의 기막힌 논리 …… 124
29. 장사꾼은 인색해야 돈을 번다 …… 129
30. 놀자, 그리고 장사에 이용하자 …… 133
31. 신나게 돈 버는 방법 …… 138
32. 돈 벌러 달려가기 작전 여덟 가지 …… 142
33. 오사카의 점원 교육 …… 151
34. 많이, 정확히 알아야 한다 …… 153
35. 다능화 플러스 알파 …… 155
36. 오사카 상인의 뛰어난 지혜 …… 158
37. 새로운 것에 달려 들다 …… 161
38. 좋은 머리는 좋은 데 써야 …… 164
39. 많이 주고 더 많이 받는다 …… 166
40. 떠나는 인재 오는 사람 …… 169

오사카 상인의 지독한 돈벌기 76가지 방법

4 바쁘다는 것은 돈벌이에서 통하지 않아

41. 참고 만나고 돈 벌고······ 175
42. 지배인이 장사를 움직인다······ 180
43. 참된 타협에는 박수를······ 185
44. 바쁘다는 것은 핑계가 안 된다······ 188
45. 번개처럼 돈을 쓰지 않는다······ 193
46. 화장에 월급 날리는 여자 없다······ 195
47. 일곱 명으로 돈 번다······ 201
48. 사람으로 유지한다······ 206
49. 어깨동무 동업자······ 209
50. 스태프를 훌륭하게 이용한다······ 212
51. 상과 벌은 엄격히 구별해······ 215
52. 물 흐르듯 승부한다······ 219

오사카 상인의 지독한 돈벌기 76가지 방법

5 입이 돈을 벌게 한다

53. 마음놓고 고르세요 …… 225
54. 기다리면 돈이 온다 …… 229
55. 오사카 상인의 이익과 의리 …… 232
56. 모나지 않게 거절하기 …… 236
57. 손님이 기쁘고 상인도 기쁘고 …… 239
58. 손님이 돈을 벌게 한다 …… 242
59. 고객에 맞추어 장사하기 …… 246
60. 메모 덕분에 큰 돈 벌다 …… 248
61. 자나깨나 떠나지 않는 계산 …… 253
62. 남보다 다른 오사카 상인의 돈벌이 …… 256
63. 머리 가는 데 돈 간다 …… 262
64. 사람 같지 않으면 팔지 않아 …… 268

오사카 상인의 지독한 돈벌기 76가지 방법

6 물건 파는데는 체면도 없다

65. 어디에서 시작하면 좋은가······ 273
66. 곁에서 돈벌이를 찾는다······ 278
67. 장사는 남에게 맡기지 않는다······ 281
68. 손익, 분기점을 항상 잊지 않아······ 284
69. 손해 보면서도 이익 올리기······ 288
70. 잘 만들어야 잘 팔지······ 290
71. 물건과 상품은 어떻게 다른가······ 293
72. 팔는데는 체면도 없어······ 296
73. 주위가 돈을 벌게 한다······ 301
74. 돈 버는데는 정보가 최고······ 306
75. 기막힌 선전, 큰 성공······ 311
76. 손님 끄는 방법 다섯 가지······ 317

1

오사카는 모든 게 온통 장삿속

1
어렵기 때문에 돈을 번다

 장터에서는 물건을 내놓기만 하면 잘 팔린다. 많은 사람들이 모이기 때문이다. 이 얼마나 고마운 일인가. 하지만 고개를 넘어 장터까지 물건을 운반해 가는 게 큰 일이다.
 짐을 등에 지고 땀 흘리며 고개를 넘어야만 한다. 말로 얘기할 수 없는 큰 고생이다.
 이러한 역경을 한 상인은 묵묵히 받아들였으나 다른 상인은 고개를 저었다.
 받아들인 상인은 이렇게 생각했다.
 '고개를 넘는 일은 늘 하는 것인데도 어쨌든 참으로 힘들어. 그렇지만 이 고개를 넘는 상인이 적기 때문에 그만큼 잘 팔리는 게 아니겠어. 만일 고개가 없었더라면 어떻게 되었을까. 틀림없이 많은 상인들이 장터에 모일 테니 물건은 생각만큼 팔리지 않을 거야. 그렇다면 장

사가 잘 되는 것은 이 고개 덕분이라고 말할 수 있겠군.'
 땀을 흘리면서 넘는 고개는 이 상인에게는 어찌 되었든 고맙고 즐겁고 또 희망을 주는 존재였다.
 고개는 이 상인에게 무엇이든 땀 흘린 만큼 반드시 좋은 결과를 가져다 준다는 사실을 알게 해 주었다. 돈을 번다는 건 곧 그 전의 남모를 고생이 겹쳐진 결과였다.
 이 상인에게 있어 고생이란 결코 괴롭기만 한 것이 아니었다. 어찌 보면 고생이야말로 신에게 받은 혜택이라고까지 생각하게 되었다. 그러므로 아무리 힘들 때라도 얼굴을 찌푸리는 일이 없었다.
 언제나 싱글벙글 즐거워하는 듯한 이 상인한테서 뭔가를 산다는 것은 사는 사람에게도 또한 즐거운 일이었다. 같은 물건을 살 바에는 사람 좋게 항상 웃는 상인한테서 사야겠다는 기분이 들게 만들었다.
 그 상인의 얼굴에는 고객에 대해 감사하는 마음이 있기 때문에 우울한 기색은 전혀 없었다. 그리고 물건을 사는 손님에게 항상 진심어린 사례의 말까지 했다.
 "자꾸 찾아와 주시니 고맙습니다."
 의례적이 아닌 감사의 말은 손님의 마음을 흔들어 더더욱 잘 팔리게 만들었다.
 한편, 다른 상인은 고개에 오를 때마다 이마를 찌푸렸다.
 '빌어먹을, 이 고개가 항상 문제란 말이야. 가파른 고개를 넘지 않으면 안 되다니, 이 무슨 고생이람. 고개를 넘지 않는다면 이런 고생은 하지 않아도 될 텐데.'
 이렇게 생각하니 또 '그 고개'와 장터로 가는 게 싫어지는 날이 점차 많아졌다.

 장터에 나가는 날이 적어지면 적어질수록 단골 손님도 그만큼 줄어든다. 그들은 다른 상인에게서 물건을 사가게 된다.

 그리하여 차츰 단골 손님을 잃어 가기 때문에 가끔 나가 봐야 별로 팔리지도 않았다.

 그러므로 상품을 갖추는 감각마저 무디어진다. 이번에는 무엇이 팔릴 것인가 하는 직감이 일어나지 않는다.

 그리하여 장사는 자꾸 쇠퇴하고 말았다. 언제부터인지 이미 그 상인은 고개 넘어 장터 가기도 단념했다.

 그렇다면 도대체 어느 곳에 가야 팔릴 것인가.

 이 두 상인의 경우처럼 고개라는 장해 때문에 물건이 팔리듯이 장사에는 언제 어느 곳에나 장해가 있기 마련이다.

 그러나 생각하기에 따라서 그 장해는 꼭 필요한 것이 될 수도 있다. 장사에 있어서 승부의 분기점이다.

 경험을 쌓은 상인이란 과거에 몇 번 장해를 극복한 상인을 말한다.

2
오사카는 온통 장삿속

도쿠가와 시대의 일이다.
 우산을 만들어 파는 사람이 있었다. 우산 제조라고는 하지만 넓은 장소를 가지고 있는 것도 아니어서, 종이 바른 우산을 말리기 위해서는 점포 앞 길에 널어 놓는 수밖에 없었다.
 그러면 어느 날, 우산을 널어 놓은 길 앞을 지나던 한 사무라이가 일부러 우산 몇 개를 망가뜨렸다. 그러자 집 안에서 그것을 지켜 보던 가게의 젊은이는 그만 참을 수가 없었다.
 "어째서 애써 말리고 있는 우산을 차버리는 겁니까? 이것은 우리 생활의 양식이 되는 상품입니다. 조금 비켜 지나가도 될 만큼 길이 넓은데, 못된 짓을 하는군요."
 "뭐라고? 길이란 원래 사람이 다니는 곳이다. 그 길에 일부러 우산을 널어 놓고 통행을 방해한 게 잘못이지, 무슨 말을 하는 거냐?"

"그러나……."

"내가 누구이신지나 알고 그러느냐? 윗동네 사는 요시무라 쇼고의 소문도 못 들었단 말인가? 이 바보야, 우산 한두 개가 무슨 큰 일이라고 내게 대들어?"

그는 오히려 갖은 욕지거리를 하고 가버렸다.

그 앞에서는 기 죽어 넘어갔지만 젊은이의 화는 좀체 가라앉지 않았다.

그는 죽을 각오를 했다. 칼을 차고는 그날 밤 요시무라 쇼고의 집을 찾아 문을 두드렸다.

상인은 물건을 팔기 위해서라면 아무리 창피를 당해도 참을 수 있다. 그러나 벌레 같은 사무라이가 사지도 못하는 주제에 새 상품을 파손하고, 게다가 악담까지 늘어놓는 데에는 더 이상 참을 수가 없었다.

모든 일에는 인내가 필요하다는 사실은 백 번 인정한다. 그렇지만 이번 일만큼은 도저히 참을 수 없었다.

"오늘 밤 여기까지 찾아온 이상 나는 이미 죽을 각오가 되어 있소. 이렇게 허리에 칼을 차고 오기는 했으나 무사인 당신에게는 전혀 상대가 되지는 못할 것이오. 허나 나는 아무렇지도 않소. 그 대신 의리를 중시하는 우리 마을의 목숨을 아끼지 않는 어느 조직원들이 당신을 죽이기로 되어 있소.

만약 당신이 나를 죽이고 나서 할복 자살한다면 그것으로 일은 끝납니다. 그러나 나만 죽었을 때는, 어쨌든 당신 같은 악당은 무슨 수를 써서라도 없애야 우리 상인들은 마음을 놓을 수 있다고 결의했기에 그들은 당신을 꼭 죽일 거요."

그 말에 놀라 아무 말 못하는 사무라이 대신 그 아내가 곁에서 진심으로 사과했으나 젊은이에게 좀처럼 받아들여지지 않았다.

"요시무라 쇼고 씨, 내 목을 칠 수 없다면 당신과 당신 부하가 모두 정장하고 우리 집에 와서 사과토록 하시오."

사무라이의 아내가 다시 중재에 나섰다. 정장은 너무 거창하니 평상복으로 하자는 데 합의를 보아, 결국 평상복 차림으로 젊은이의 집에 가서 빌었다고 한다.

마을이 한 뜻으로 뭉친 상인의 기개가 이것이다. 상인의 의지가 이것이다. 정성껏 만든 상품을 마음으로부터 사랑하는 상인의 마음이 이것이다.

상품을 진정으로 소중하게 여기는 상인 정신이 바로 이것이다. 이것이 바로 오사카 정신이다.

3
엽전 세 닢으로는 크게 벌지 못해

'아내와의 맞벌이'는 당연하다고 신혼 부부들은 거리낌 없이 말한다. 그러나 '돈과의 맞벌이'가 훨씬 좋지 않을까.

예금한 돈의 이자가 연 13%밖에 안 된다고 불만스러운 얼굴로 불평하는 사람과 흔히 만나게 된다.

돈이 낳는 이자가 연 10%라고 해도 거기에 자기의 돈을 더 보탠다면 연 15%로도 되고 20%로도 늘어날 것이다. 돈이 벌어들이는 이자에 자기의 벌이를 덧보태니 곧 돈과의 맞벌이가 아닌가.

'그렇지만 모처럼 예금을 해도 이자보다 물가의 상승 폭이 더 크니 그렇잖아요?'

그러나 이처럼 잘 알지도 못하는 수박 겉핥기식의 경제 지식을 얄팍하게 늘어놓는 것은 듣기에 그리 좋지 않다.

세상에 나서려면 지식뿐 아니라 지혜도 꼭 필요하다.

메이지 시대 이래로 유럽에서 합리주의라는 지식이 들어왔기 때문에, 옛날부터 도쿠가와 시대의 말기까지 일본에서 자란 훌륭한 논리나 지혜는 그 자리를 빼앗기고 떠밀렸다. 이는 실로 유감스러운 일이 아닐 수 없다. 예부터 전해 내려오는 고문서를 읽다가도 일본 고유의 좋은 지혜가 짓밟히고 경멸당하고 떠밀려난 데 대해 새삼 분노하기까지 한다.

돈과 맞벌이를 해야 한다고 말한 상인들의 지혜는 결코 틀림이 없다고 생각한다.

첫 임금이 높아졌기 때문에 근래에는 취직한 뒤 얼마 동안은 여유가 있다. 그렇지만 그들에게 10년 뒤를 생각하여 '독신 귀족'이란 야유를 받으면서라도 미리미리 저축을 시작하지 않으면 안 된다고 적극 권유하고 싶다.

젊을 때에는 자가용도 골프도 해외 여행도 해야되므로 좀체 돈을 모을 수 없겠지만, 그런 유혹들을 꾹 눌러 견디고 자기 회사의 주식이라도 자꾸 사서, 60세 이후를 생각해 보아야 하지 않을까.

비록 남들이 비현실적이라 손가락질하는 경우라도 먼 훗날을 생각하는 것은 그리 큰 잘못이 아니다. 오히려 현명한 처사이다.

주식이 불어나는 힘과 자신이 저축한 힘의 합계는 덧셈이 아니라 훌륭한 곱셈이다.

이에 대해서는 프랭클린(1706~1790, 미국의 정치가)이 그의 자서전 속에서도 썼다.

그의 소년 시대에는 '조금씩이나마 손에 들어오는 돈을 모조리 책값으로 썼다'라고 쓰고, 세상에 나선 뒤의 글에서는 '돈이란 본래 자동 번식력이 강한 것이다'라고 덧붙였다.

'처음 1백 폰드쯤 모으게 되면 그 다음의 1백 폰드는 저절로 모인다'라고도 했다. 그리고 돈을 조금밖에 갖지 않을 때에 오히려 활달하며, '돈을 모으고 불리는 데에는 아내가 중요하다'라고도 말했다.

영국 엘리자베스 왕조 시대(16세기 후반)의 수재 중의 한 사람인 베이컨도 그와 같은 말을 남겼다.

'얼마 안 되는 재물을 얻자면 크게 고생하지만, 큰 재물을 얻는 일은 뜻밖에도 쉽게 이루어질 수 있다.'

또한 일본의 재미있는 책에는,

'엽전 세 잎쯤으로는 크게 벌지 못한다. 돈이 돈을 모으는 세상이다.'

이같이 단적으로 말한 다음 뒤를 이었다.

'묶어 둔 돈에서는 이익이 생기지 않는다.'

4
상인은 상인 냄새를 풍겨야 한다

상인들이 모여 잡담을 하고 있었다. 그 중 한 사람이 말했다.
"무사가 너무 무사 냄새를 풍기고, 학자가 너무 학자 냄새를 풍기고, 된장국이 너무 된장 냄새를 풍기는 것은 좋지 않아."
다른 상인이 그 말을 받았다.
"과연 그 말대로야. 허나 상인은 상인 냄새를 풍길수록 좋지."
다른 상인들이 고개를 끄덕였다.
상인에게도 학문이 필요하다. 그러나 그 학문의 방법에 따라 덕을 보기도 하고 손해를 보기도 한다.
핵심을 잘 파악하면 조금 배운 것만으로도 이득이 있다. 허나 나쁘게 배우면 처음엔 약간의 손해가 있으나 나중에는 더 큰 손해를 보게 된다.
상인의 아들로 태어났으면서도 오히려 그 직업을 경멸하여 벼슬하기 위한 목적으로 학문을 했다면 처음부터 학문하는 도리가 잘못 되었다. 처음으로 학문의 뜻을 세울 때는 그 방향이 매우 중요한데, 특히 상인이 학문을 할 때에는 이 점을 주의해야 한다.

상인에게는 학문이 필요 없다 하여 메이지 무렵에 아들들을 대학에 보내지 않았던 오사카 상인들의 예는 얼마든지 있다.

'대학은 필요 없다'는 의미였다. 아니 역설적으로 '학문은 필요하다'는 의미이기도 했다. 그 증거로 그들의 방에 수많은 책이 있었던 것을 내 눈으로 직접 봐서 알고 있다.

오사카의 상인들은 어린 사환에서 점원, 점원에서 다시 지배인으로 근무하는 과정 중에 상업의 진수를 실천 속에서 체득하는 것이 대단히 소중하다고 했다.

지식만으로는 힘이 되지 못한다는 것을 장사의 경험을 통해서 그들은 직접 체득하고 있었던 것이다.

뻔히 다 아는 항해술이 아무 쓸모가 없어져 난파, 침몰하고 만 이야기가 인도의 〈우파마 샤타카〉에 있다. 이것은 인도 대승불교의 성전인데, '우파마'는 비유적인 이야기, '샤타카'는 가려 뽑은 것을 뜻한다.

어느 큰 부자에게 아들 하나가 있었다. 이 아들이 여러 상인들과 같은 배에 타고 바다로 보물을 찾아 나섰다.

배 위에서의 그 아들 이야기는 제법 훌륭했다. 특히 배를 조종하는 방법을 설명할 때에는 그야말로 모두들 고개를 끄덕이지 않을 수 없다.

듣고 있던 사람들은 아무리 파도가 거칠어져도 이 사람이 같이 타고 있으니까 정말 마음 든든하다고 서로 기뻐하고 있었다.

바다로 나가서 며칠 지난 뒤, 선장이 갑작스럽게 병들어 죽었다. 큰 부자의 아들이 그 뒤를 이어 선장 역할을 한 것은 당연한 일이었다.

얼마 안 가서 태풍이 불어 닥쳤다.

'키를 이렇게 당기고, 이렇게 되돌려 보내고.'

이런 식으로 그는 그 동안 자신이 말한 그대로 했다. 그러자 배는 제자리에서 빙글빙글 돌기만 하더니 끝내는 난파해서 바닷속 깊숙이 가라앉아 버렸다.

웃을 일이 아니다. 잘 알지도 못하면서 그저 들은 풍월로 큰 소리 치는 사람들이 우리 주위에는 얼마나 많은가. 평론가가 경영을 하면 파산하고, 학자가 경영하면 앞 길이 콱 막힌다고 하듯이.

'몸에 밴 실천을 존중하라'는 것이 실천을 소중히 여기는 오사카 상인의 마음이다. 말로는 모든 게 가능할지라도 실제로는 못하니까 결국은 알고 있지 못한 것이다.

그 차이를 오사카 상인은 철저히 알고 있다.

지식이 아니라 철학.

니혼바시의 시로기야 백화점 초대 사장인 오무라 겐타로에게는 독특한 상업 철학이 있었다. 그가 1662년 가게를 처음 열었을 때는 27세의 젊은 나이였다.

상업 철학이 있으면 장사는 반드시 번영한다. 고리(高利)를 탐하지 않고 그저 정직하게 좋은 물건을 팔고, 절대로 손님을 속이지 않는다는 철학.

한 번에 큰 이익을 얻으려 하지도 않고, 위험한 다리를 건너지도 않고, 눈앞의 이익에 혈안이 되지도 않는다. 크게 눈을 들어 충분한 준비를 갖추고 방심하지 않는 자세, 훌륭한 마음가짐이 있었다.

시로기야는 크게 번창해서, 그 이웃의 땅을 자꾸 사들였다.

한번은 이런 일이 있었다. 이웃의 땅을 매수할 때 시로기야의 지배인이 그 땅 주인인 노인이 부른 값을 깎았다는 것을 알자, 오무라 겐타로는 그렇게 하면 안 된다면서 스스로 몸을 일으켰다.

그는 직접 그 노인에게 가서 지배인의 실수를 사죄하고 깎였던 만큼의 돈을 내밀었다. 늙은 지주는 손을 내저었다.

"아무래도 깎일 것이라고 생각했기 때문에 그만큼 더 올려서 부른 값이었소."

거듭거듭 사양했지만 오무라 겐타로 역시 한 걸음도 물러서지 않았다.

상대가 그 동네의 유지이기 때문은 아니었다. 토지 매매이기 때문도 아니었다. 모든 사람에게는 '마음의 움직임'이 중요한데 남의 마음을 아프게 하면서까지 자신의 이익을 챙긴다는 건 상인으로서의 마음가짐이 아니라는 철학이 있었기 때문이었다.

오무라 겐타로 사장은 젊은 나이였지만 자신이 옳다고 믿는 것은 곧 실천에 옮겼다.

주인이 훌륭하면 그 아래사람들도 따라서 자연히 훌륭하게 마련이다.

'상인으로서 가장 중요한 것은 얼마 안 되는 매상을 소중히 여기는 것이다.'

비싼 것을 사는 손님, 많은 액수의 물건을 사는 손님에게는 아주 정중히 대하면서, 하찮은 액수의 손님에 대해 접대를 소홀히 하면 어느 사이엔가 상점은 쇠퇴하고 손님들의 발길도 끊어지고 만다.

시로기야에는 그러한 전통이 있었기 때문에 1863년 경 당시의 사장이 전체 점원에게 한 훈시도 모든 사람들의 마음을 다시금 감동시켰다.

"적은 액수의 물건을 사는 손님에게는 더더욱 실수 없도록 합시다."

그와 같은 장사의 수칙을 잘 지켰기 때문에 이 백화점은 오랫동안 번영할 수 있었다.

1883년 2월 8일 도쿄에는 무척 많은 눈이 내렸다. 그러나 시로기야에 '다녀간 손님이 한 사람도 없었다'는 기록은 그 전에도 그 뒤에도 없고 오직 그날뿐이라고 한다. 전쟁중에도 손님은 있었다.

시로기야 백화점이 침체되는 듯하면 창업 이래의 상업 철학이 머리를 쳐들어, 새로운 방법을 알려 주곤 했다.

1700년, 지금의 도쿄 중심가로 이전한 시로기야 백화점은 메이지 시대가 되자 맨 먼저 양복 코너를 개설했다. 영국인 카티스 여사를 초대했으며, 아더 데이비 상회와 계약했다.

업계에서는 최초로 엘리베이터를 설치했으며, 일본 최대의 민속 스포츠인 스모 대회 속보를 진열장에 내놓기도 하는 등, 갖가지 새로운 아이디어가 그 3백 년 역사에 나타나 있다.

경영자의 상업 철학을 명시하는 것이야말로 정말 중요하다고 생각한다. 또한 참된 학문은 어처럼 상인에게 있어 매우 중요한 것이다.

'번영해서 손에 넣은 돈의 여유가 1백 관쯤 불어 2백 관이 되면 그

불어난 1백 관의 운용에 실수가 생기게 된다. 대개는 돈을 헛되이 놀린다.'

도쿠가와 시대에 발간된 어느 책에는 이같이 씌어 있다.

'그 여유 있는 돈을 제대로 활용할 줄 몰라서 잘 알지도 못하는 장사를 또 벌리거나 잘 모르는 상대에게 함부로 외상을 주었다가 단번에 큰 손해를 입는 일이 있다. 이것은 야무진 상인에게도 생긴다. 그러므로 아주 명심해야 할 일이다.'

그 책은 이 말을 덧붙이기를 잊지 않았다.

5
뜻밖에 생긴 돈은 내 것이 아냐

적극적인 판매론은 읽거나 보거나 듣거나 어쨌든 상쾌하다. 그러나 상인들은 흔히 푸념한다.
"조금 더 자금이 있으면 나도."
그러나 갑작스레 뜻하지 않은 자금을 얻게 된 상인치고 제대로 성공한 예는 없다.
일찍이 런던 변두리에서 이태리 요리를 전문으로 하는 레스토랑 경영자가 있었다. 에밀리오 스칼라라는 이태리 사람이었다.
그는 무척 가난했다.
처음에는 거리에서 손수레에 아이스크림을 싣고 팔러 다녔다. 그때의 얼마 안 되는 번 돈 중에서 푼푼이 절약하여 모은 돈으로 겨우 그 레스토랑을 마련했다.
그런데 어쩌다 한번 샀던 아일랜드 경마의 마권이 1등에 당첨되었다.

　상금 1억 원이 별안간 굴러 들어왔다. 이제 고생 끝 행복 시작이라고 생각했지만 실은 그렇지 않았다.
　얼마 되지 않아 그의 딸이 말했다.
　"아버지가 상금을 타신 뒤로 집안에는 언짢은 일, 걱정스러운 일만 계속되고 즐거운 일이라고는 도무지 없어요."
　그녀의 말처럼 확실히 즐거운 일은 전혀 생기지 않았다. 오히려 괴로운 일만 되풀이되었다.
　레스토랑 주인이 당첨되었다는 사실이 신문에 실리자 런던 사람들이 한꺼번에 몰려들었다.
　입구의 문이 부숴지고 창이 깨어지고 테이블이 던져지고 끝내는 경찰관들이 출동하여 소동을 가라앉혔을 정도였다.
　이웃 이발소 주인은, 그 마권을 사는 데 자기도 한 푼 보탰으니 상금의 6분의 1쯤은 내놓으라고 소송을 걸었다. 갑자기 부자가 되니 친척이라는 사람들이 하나 둘 나타나서 얼마씩 좀 달라고 졸라댔다.
　더 이상 못 견디겠다고 생각한 스칼라 씨는 런던을 떠나기로 결심했다. 레스토랑의 문을 닫았다. 남에게 알리지도 않고 고향 이태리의 한적한 시골 구석으로 이사해 조용히 사는 수밖에 없다고 생각했다.
　그리하여 이태리로 떠나긴 했지만 기대했던 대로 편히 지내지는 못했다고 한다. 결국 갑작스럽게 굴러 들어온 자금은 쓸모가 없게 되었다.
　자신이 땀 흘려 고생해서 모은 돈이 아니면 소용 없다. 그것이 신용이라도 좋다. 그 신용이 있으면 빌려서라도 자금 조달을 할 수 있으니까.

　세상 사람들의 눈은 높다. 고생을 높이 평가하고 신용을 높이 평가한다.

　남의 눈을 속일 수는 없다. 신용을 얻는 데에는 10년이 걸려도, 단 하루에 잃어버릴 수도 있다. 세상 사람들의 평가는 그만큼 무서운 것이다.

　이 이태리인처럼 마권이 당첨되었는 데도 모처럼의 장사는 서리를 맞았다.

　프랑스에서 유명한 구두 장수 프롱드의 샹송과 같은 경쾌한 상인 근성 이야기가 있다.

　센 강 가에 사는 프롱드는 술을 아주 좋아하며 언제나 콧노래를 부르는 쾌활한 장사꾼이다.

　어느 날 자기 집 지하실에서 옛날 은화와 동화가 가득 들어 있는 단지를 발견했다. 그는 히죽 웃었다. 옛날 돈으로 술을 살 수는 없겠으나 골동품상이나 화폐 수집상이라면 비싸게 구입해 주리라 생각했다.

　하지만 어쩌면 하찮은 밀고를 당해 골치 아픈 일이 생길지도 모른다 —— 이같은 생각이 순간적으로 머리를 스쳤다. 콧노래도 뚝 멈췄다.

　원래 욕심이 없던 프롱드는 결국 그 단지를 센 강에 던져 버렸다. 그러자 기분이 홀가분해지고 전처럼 흥겨운 콧노래가 다시 흘러나왔다.

　진실한 프랑스 샹송판 상인 근성이다.

6
희한하다 장사는

 상인은 '희한함'을 소중히 여겨야 한다. 장사를 '희한'하게 느껴야 한다. 이때 '희한하다'는 말은 '재미있다'는 말과는 다르다.
 '재미있다'는 말은 단지 '우습다' '웃긴다' '유쾌하다'는 뜻이지만 '희한하다'에는 '재미있다' 라는 뜻 이상의 의미를 가지고 있기 때문이다.
 예를 들면 상대방에게 묘한 재주가 있을 경우 '그 친구 희한한 놈이야'라고 말한다. 또한 얼핏 보기에 팔리기 어려운 듯한 상품을 약간의 궁리로 몽땅 팔았을 때 '그 물건 참 희한한데'라고 한다.
 장사하는 것을 가만히 살펴보면 산다, 안 산다, 에누리하자, 못 한다로 손님과 한참 동안 말씨름하는 것을 종종 볼 수 있다. 이 경우 결국 손님이 지고 상품을 사간다. 또는 상인이 지고 에누리를 해 준다. 이럴 때 '장사란 희한하다'라고 한다.

새벽부터 밤까지 얼굴을 맞대기만 하면 토닥거리며 다투는 부부가 있다. 그래도 사이는 좋고 다정하다. 이러한 한 쌍을 일컬어 '희한한 부부'라고 한다.

요컨대 거기에 어떤 흥정의 여지가 있을 때, 어떤 스릴이나 서스펜스가 있을 경우, 그것들을 멋지게 돌파한 다음 으쓱하고 시원한 상쾌감을 맛볼 때 그들은 '희한하다'라고 한다.

그 말에는 어떤 의미가 있는가.

① 게임성(흥정)
② 도박성(스릴과 서스펜스)
③ 스포츠성(하고 있을 땐 힘들지만 끝나면 시원하고 상쾌한 기분)

장사가 '희한하다'는 것은 이 세 가지 요소로써 성립되기 때문이다. 그래서 장사가 '희한'하고 손님과 흥정하는 것도 '희한'하며 팔아서 벌면 더욱더 '희한'해진다.

'희한한' 장사를 하려면 장사를 노동으로 생각하지 말고 스포츠로 생각해야 한다. 노동으로 생각하면 괴롭고 힘들어 태만해지기 쉽다. 그러나 스포츠로 생각하면 힘이 들더라도 그 의미가 달라진다.

짐을 짊어지면 괴롭지만 중량을 들어 올리는 것은 '희한함'을 느끼는 것과 같은 차이이다.

다음으로 장사를 희한하게 하려면 상업의 시스템을 고정시키지 말아야 한다. 시스템화되면 그만큼 '희한함'이 없어진다.

자동차가 고속도로를 달리듯이 시스템화하면 모든 일이 일정한 절차에 따라 처리되어 해답을 얻기 위해 머리를 쓸 필요도 없이 저절로 해결되고 만다.

좋게 말하면 편하고 마음이 놓이는 일이지만 나쁘게 말하면 단조롭고 무미건조하다. 그 무미건조함이 끝내는 권태를 낳고 사람들을 무기력하게 만든다. 그래서 장사가 점점 싫고 귀찮아지게 만들어 버린다.

장사는 다소 볼품은 없더라도 사방이 탁 트인 자유형이 '희한'하고 보람이 있다.

오늘날처럼 기업도 사회도 모든 것이 시스템화하면 여기저기에서 '희한함'이 사라진다. 그래서 잃어버린 '희한함'을 회복시키려고 사람들은 슬롯머신이나 핀볼을 하든가 경마에 미친다.

그래서는 안 된다. 장사라는 이름의 '말(馬)'을 시스템에서 해방시켜 보다 더 멋지게 달릴 수 있도록 궁리하는 것이 첫번째 문제이다.

7
한 사람이 모든 걸 하면 안돼

'일등은 언제나 고독하다'고 한다. 가장 이해하기 쉬운 예로 황제나 대통령 또는 수상의 경우이다.

그러나 이들은 일반인들과 너무 동떨어져 있으므로 실감나지 않는다. 우리들 자신의 경우에 대해 참고하기도 어렵다. 그저 고독하리라고 상상할 따름이다.

가까운 예로 회사의 경영자는 최고 책임자로서 실로 고독하다. 이러한 점은 회사나 조직의 크기와는 전혀 관계없다.

회사의 조직 형태를 그림으로 그려 보면 아무래도 피라미드 모양이 될 것이고, 그 꼭대기에 경영자가 자리잡는다. 그는 분명 한 사람이다.

'가로로 나란히 선 자'가 없다. 그러므로 매우 고독한 지위에 있는 사람이다.

'가로로 나란히 선 자'가 없기 때문에 '가로로 나란히 서는 관계'를 의식적으로 만들지 않으면 안 된다.

자기는 톱이라고 생각하여, 자신이 가장 위대하다고 생각하는 따위의 일은 누구나 할 수 있다. 그러나 가로로 나란히 서는 자가 없기 때문에 나란히 서는 관계를 만들어 내는 노력을 하지 않으면 참된 톱은 못 된다.

이렇게 아주 미묘한 헛점에 주의하면 새로운 경영 세계, 새로운 톱의 세계가 열린다.

톱은 목표를 세운다.

톱은 선택하고 결정한다.

톱은 선견성(先見性)을 소중히 여긴다.

한 사람이 모든 것을 지배하게 되면 1인 독재자로 되어 버린다. 그러나 그 반대의 경우를 생각하면 모든 사람이 1인을 지배하는 것이고 그것은 곧 무정부 상태로 된다. 어느 쪽도 좋지 않다.

톱이 너무 작은 일까지 들먹인다고 해서 주의받은 예가 전 일본 수상 후쿠다의 경우이다.

일본 대장성의 일개 국장일 때에는 정확히 숫자를 파악하여 자세히 설명할 수 있는 것이 좋다. 그러나 한 나라의 수상으로서 너무 숫자에 의지하면 아랫사람이 움직이지 못하게 될 것이다.

사장이 경리부장을 따돌리고 경리부 계원과 하찮은 숫자를 만져대기 시작하면 경리부장은 '맘대로 하시오' 하고 등을 돌려 버린다.

경리 사원이 만약 과장이나 부장을 따돌리고 직접 사장실에 드나들게 되면 사람들은 직소(直訴)를 경멸하기 때문에 회사 내부의 윤리가 눈에 띄게 낮아져서 회사는 급속도로 쇠퇴한다.

만일 잘못된 직소일 경우 곧 판명된다고 하더라도 윗자리에서 직접 계원에게 실정을 묻는 경우 즉 '직소의 반대되는 형'일 때에는 어떨까. 역직소(逆直訴)도 마찬가지이다. 다만 당사자인 사장과 계원, 이 두 사람만은 기분 좋겠지만.

톱은 아무리 초조하더라도 업무 면에서 순서를 무시해서는 안 된다. 어쩔 수 없을 경우에는 곧 중간 사원을 불러 그 내막을 알리는 도량이 필요하다. 그렇지 않으면 사원이 등을 돌린다.

중간층은 주어진 과제를 처리한다. 그들은 유효성을 따진다. 그리고 추진자이다. 대신 아랫사람들은 구체적인 작업 절차를 잘 지키면 된다. 그러므로 능률성만을 따지게 된다.

상·중·하의 3단계 —— 그들은 제각기 임무가 다르고 업무의 성질도 다르다. 그 중에서 톱이 할 것, 생각할 것은 선견성이 풍부한 목표를 세워 통솔해 나가는 것뿐이다.

8
나만의 목표를 세워 달성한다

상사가 알고 싶어하는 것은 언제나 다음 세 가지로 나눌 수 있다.
① 무엇이 일어났는가.
② 무엇이 일어나고 있는가.
③ 무엇이 일어나려 하고 있는가.
이처럼 과거와 현재와 미래를 연결하는 세 가지 테마를 잘 종합하면 목표와 그 달성 방법이 성립된다.

돈이 있고 물건이 있고 사람이 있다면 누구나 할 수 있다. 이 조건이 모두 갖추어지지 않는 것이 현실이지만, 그렇더라도 '목표'와 '달성 방법'이 갖추어지면 일은 생각대로 잘 풀린다.

옛날, 나는 소집 영장을 받고 입대한 적이 있었다. 육군 이등병이란 최하 계급에 속하게 되면 소나 말과 마찬가지여서 일체의 저항이 허락되지 않는다. 상관의 말을 하느님 말로 생각하라는 엉터리 같은 논리로 모든 자유는 상실된다. 그야말로 지옥이었다.

여기서 나는 목표를 세웠다.

'철저히 복종할 뿐이다. 대학을 나왔다는 말은 꿈에도 입 밖에 내지 말자. 죽었다 생각하고 육군 이등병으로서 맡은 일을 하자.'

고참들에게 철저히 복종하기로 마음먹었다.

그런 질서를 지키지 못한다면 전쟁을 할 수 없다. 전쟁은 비상사태이므로 비상 논리만이 통용된다. 비논리의 논리만이 존재한다. 이것을 긍정하지 않는다면 군인이 될 수 없다.

전쟁이 일어나지 않았더라면 결사 반대했을 테지만 이미 싸움이 벌어져 육군 이등병의 입장이 되었으니 반전(反戰)을 주장할 처지도 아니었다.

사람의 마음은 서로 통하게 마련이다.

자신을 철저히 통제하면 고참들에게도 통하는 것이 있는 모양이었다. 이상하게 한 번도 따귀를 맞지 않고 이등병 시절을 보냈다.

'철저하라'는 것을 이때 배웠다. '자신을 죽이라'는 것을 경험했다. 철저히 자신을 부정했을 때 이상하게도 내 자신이 떠올랐다.

어째서 매를 맞지 않고 무사했던가. 이등병으로서는 알 수 없는 일이었으나 사실은 사실이었다.

목표를 세워 어떻게 대처할 것인가를 분명히 결정하면 어떤 일을 해도 기치가 선명하여 성공하는 모양이다.

의연한 태도로 오로지 목표를 향해 매진한다는 것은 곧 신앙이다. 거기에 이미 구실은 없다. 그때 목표는 스스로 달성되는 것이다.

그러나 도저히 달성되지 못할 목표도 일단은 머리에 떠오른다. 특히 상사나 부하가 제시해 올 때는 당황하게 된다. 냉정히 판단하여,

이 '목표'는 도저히 지금으로서는 실시할 수 없으며 실시한다 하더라도 반드시 실패로 돌아갈 게 분명할 때도 있다.

이런 경우 중간 매니저는 어떻게 할 것인가. 톱의 자리에 있는 사람은 어떻게 대처할 것인가.

'그 목표는 당장 시급한 문제가 아니라'고 물러서는 사람도 있을 것이다. 물러선다기보다는 피한다는 말이 옳겠지만.

물러서면 모럴을 저하시키고 단결을 저해하는 일도 생긴다. 이때가 문제이다. 그렇지만 답은 하나. 실시는 '이후의 문제'로 판단한다는 것이다.

그리고 이후에도 역시 실시할 자신이 없으면 '사정 변경의 원칙'을 내세운다. 허나 끝까지 버리지 않는 것이 진취적인 사람으로서의 옳은 일이라 여겨진다.

리더십과 목표의 관계가 어렵다는 점이 바로 여기에 있다.

공개된 목표와 감춰진 목표를 분간해서 사용하는 일도 중요하다.

어떤 일을 맡고 몇 명의 부하 사원이 할당된다면 반드시 '목표'가 주어진다. 주어지지 않더라도 설정해야 한다.

일 년의 목표를 세워놓고 이에 따라 월차 목표를 세우는 것이 손쉽다. 본부에서 목표액이 설정되어 올 때에는 수동적인 목표이므로 싫더라도 달성해야 한다.

그러나 자기 자신이 직접 목표를 설정하면 본부에서 제시한 목표와 융합시킬 수 있으므로 적극적으로 이루어 낼 공격 목표가 되어 통쾌하다. 해내는 것이 재미있다.

어느 상점에 주어진 올 목표가 12억 원이라고 가정하자. 한 달에 1억 원이다. 본부에 대해서는 월 1억 원을 달성할 방법을 세워 그 결과를 지켜 보게 한다. 그러나 한편으로는 지금의 경제 조건이라면 월 1억 천만 원을 달성할 수 있다는 자신의 목표를 갖는 게 좋다.

그러기 위해서는 자기 나름대로 소비자 동향 조사나 고객 분석을 해야 한다. 오전에 팔리는 것과 오후에 팔리는 것, 요일에 따라 잘 팔리는 것, 한 달을 기준으로 상순에 팔리는 것과 중순, 하순에 팔리는 상품을 조사, 분석해야 한다.

고객도 분류하여 분석한다.

상점 고객은 현재까지 이런 부류의 사람이 많은데 과연 그것으로 좋은가.

연령층, 소득 계층 등 여러 가지 관점에서 분류해 보면 의외로 누락된 것이 있음을 발견하게 된다.

팔아주기는 하나 지불이 좋지 않은 고객은 벌이에 도움을 주지 않는다. 그렇다면 누가, 어떤 고객이 벌이에 가장 많은 도움을 주는가. 이것을 안다면 그 방면의 신규 개척도 필요하다.

이때는 비록 자기가 연구하여 목표를 세우지만 사실은 부하 사원이 착안하여 그 사원 스스로가 개발한 것처럼 생각하게 만드는 일도 중요하다. 그리하여 그를 칭찬하고 추진시키면 누구나 보람을 느낀다.

그것은 매니저 한 사람이 생각하여 명령하는 것보다 훨씬 쉽게 성공으로 이끄는 열쇠이기도 하다.

마음속에 감춰둔 목표를 따로 설정해 두고 실행한다는 사실이 필요하다.

9
의연하게 돈 벌라 한다

사원과 종업원에게 책임 있는 일을 시키려면 시키는 쪽에 의연한 자세가 필요하다. 특히 명령이나 지시 방법이 중요하다.

지금은 모든 일을 민주적으로 한다고 하여 '명령'이란 것이 거의 사라지고 말았다. 명령 대신 '……해 주십시오'라는 부드러운 표현을 쓴다. 그러나 이것은 명령을 오해하고 있기 때문이다.

명령은 '……하라'는 식의 강요이다. 따라서 오늘날에는 통용될 수 없다고 하지만, 이것은 단순한 강제가 아니다.

명령이란 강제이긴 하지만 다음 세 가지 내용을 포함한 강제이다.
① 지휘관의 상황 판단
② 지휘관으로서 어떻게 할 것인가의 결심의 표시(결심과 책임)
③ 이 결심에 따라 상대방에게 무엇을 어떻게 하라는 것인가의 지시

이것을 '명령의 3단 논법'이라고 한다.
①②가 있음으로써 ③이 다소 엄격하다 해도 상대방이 납득할 수 있다. ①②가 확실치 못하면 ③에 대해서도 상대방은 납득하지 않는다.
이와 같이 윗사람이 판단하고 결심과 책임을 명백히 한 후에 '……하라'고 한다. 이것이 명령이다. 따라서 이 강제는 반드시 납득할 수 있어야 한다.
①②를 빼고 그저 '……하라'고 외치는 것은 호령이지 명령이 아니다.
오늘날 '……하라'는 식으로는 안 된다고 생각하는 사람은 명령과 호령을 혼동하고 있는 것이다. 물론 '……하라'가 안 된다면 '……해 주시오'도 좋다. 그러나 문제는 그러한 말투에 있는 것이 아니라 정신에 있다. 명령의 참뜻을 이해하느냐 못 하느냐가 문제이다.
경영 환경이 무사 태평할 때에는 명령이 필요 없다. 그러나 사정이 악화하여 먹구름이 뒤덮였을 때, 사장과 종업원이 한데 뭉쳐서 난관을 돌파해야 할 때 간단하게 '……해 주시오' '……해 주십사'라는 표현은 너무 약하다.
말투야 어떻든 경영자는 뚜렷한 명령을 내려야 한다. '……하라'고 하기 전에 상황을 잘 설명하고 자기의 결심과 책임을 명확히 표명해야 한다.
의연한 태도로 임하라는 것은 곧 명령적인 태도로 임하라는 것이다.
민주주의라고 해서 '명령'이 사라진 것은 아니다. '명령'은 민주화

와 관계없이 여전히 살아 있다.

다음으로 '……하라' 할 때 뚜렷이 말하지 않고 암시하거나 수수께끼처럼 빗대어 말하는 경우가 많다.

어떻게 할 것이냐 하는 문제는 수수께끼를 푸는 쪽에서 제멋대로 판단하라는 것으로, 봉건시대 영주들의 명령은 거의 이러한 '수수께끼형'이었다. 그러나 이제는 아니다.

옛날 사람과는 달리 요즈음의 젊은이는 윗사람의 말 뜻을 탐지할 의욕이 없다. 그리고 그 말에는 명령한 자가 책임을 지기 싫다는 뜻이 숨겨져 있기도 하다. 명령은 하지만 책임은 당신이 지라는 식의 매우 교활한 방법이다.

이렇게 교활하게 사람을 다루는 방법이 요즈음 통용될 리 없다.

아랫사람은 늘 윗사람을 보고 있다. 윗사람이 정신을 차리고 있으면 아랫사람도 긴장하지만, 윗사람이 절도가 없거나 책임을 회피하며 자신 없이 군다면 아랫사람도 금세 절도가 없어지고 무책임해진다.

민주화 시대라고 하여 부드러운 말로 애매한 지시를 하다가는 신임을 받기는 고사하고 오히려 얕잡아 보인다.

경영자가 종업원으로부터 신임을 얻으려면 언제든지 명령을 내릴 수 있다는 강경한 자세가 필요하다.

일하는 사람으로써 가장 기쁜 일은 자기가 한 일이 남에게 도움이 되고 즐거움이 되어 감사를 받게 되는 것이다.

기업도 마찬가지이다. 경영자나 종업원으로서 가장 큰 기쁨은 기업이 주위의 지역, 사회에 봉사하여 도움이 되고 있다는 사실이 확인되었을 때이다. 그때의 기쁨은 무엇과도 바꿀 수 없으며, 평소의 일에 대한 고달픔이 안개 걷히듯 사라지고 즐거운 기분이 된다.

이러한 외부와의 유대, 외부에 대한 서비스를 할 때 생기는 즐거움은 중소기업에서는 맛보기 쉬우나 대기업이 될수록 점점 더 맛보기 어려워진다.

이같은 경영의 보람, 일하는 보람이라는 점에서는 대기업보다 중소기업이 낫다고 할 수 있으나 요즈음의 중소기업은 대기업의 하청, 메이커에 의한 계열화 등에 의하여 경영자나 종업원의 의식이 모기업, 메이커 지향형이 되어 그만큼 정신적으로 지역사회에서 떨어져 나가는 업체나 상점이 많고 이런 점이 경영자나 종업원의 사기를 저하시키는 요인이 되는 수도 있다.

모기업이나 메이커에 대한 서비스도 일단은 남에 대한 서비스이다. 일을 잘 하면 칭찬 받고 그들을 기쁘게 할 수도 있다. 그러나 이것은 남에 대한 서비스라 할지라도 사실은 계열화라는 이른바 인척 관계에서의 서비스이기 때문에 그 감격성은 진짜 남에게 기쁨을 주었을 때처럼 강하지 않다.

'부모의 꾸지람은 먹혀들지 않는다' 는 말처럼 집안 사람들로 부터 칭찬받거나 꾸지람을 듣는 것보다는 남으로부터 칭찬받거나 꾸지람 듣는 편이 더 자극적이기 때문이다.

편의점이나 레스토랑 또는 식당 종업원들이 급료나 후생제도가 대단치 않아도 비교적 원기 왕성하게 일하는 것은 그들이 그 지역 손님들과 유대를 갖고 있다는 사실을 무의식중에 느끼고 있기 때문이다.

계열화되어 모회사의 지원을 받고 있기 때문에 일단은 완전히 보장된 중소기업의 경영자는 이 점에 대해 진지하게 생각해 볼 필요가 있다.

　요컨대 다시 한 번 경영하는 보람, 일하는 보람을 정말 느끼고 싶다면 모회사나 메이커 지향의 종적인 경영을 어떤 형태로든 횡적으로 바꿔야 한다.

　그렇게 하기 위하여 '목표에 의한 관리'를 추진할 경우, 그 목표 속에 외부와의 유대를 강하게 느낄 수 있는 그 무엇을 추가하도록 노력한다.

　예를 들면 매상고를 올리기 위해 노력하는 것은 좋지만 그 노력이 어떤 형태로든 주위 지역사회의 행복과 결부되어 있다는 것을 강력하고 구체적으로 자각할 수 있는 목표를 설정할 필요가 있다.

　이것을 목표의 외부화라고 한다.

　이와 반대로 외부와의 유대가 없는 단순한 매상 목표나 수익 목표는 하찮은 목표이며, 이러한 목표로는 종업원들에게 참다운 의욕을 불러 일으키지 못한다.

　또한 아무리 그 목표가 자기들을 위해 이득이 되는 것이라 해도 인간 그 자체만으로는 참다운 의욕을 일으키지 못한다. 처음에는 활기에 차 있어도 언젠가는 사기가 떨어진다.

　외부와의 유대가 없는 목표는 나쁘게 말하면 도둑끼리 제멋대로 세운 목표와도 같다. 제대로 된 인간이라면 낯 뜨거워 그럴 생각이 생길 리 없지만.

　대기업에서 종업원의 사기가 문제되는 것은 대기업일수록 목표가 내부화하기 쉽기 때문이다.

　중소기업의 목표 결정은 이런 뜻에서 대기업을 흉내내서는 안된다.

목표는 외부와의 유대를 고려하여, 즉 목표의 외부화라는 원칙, 중소기업 본래의 자세에 따라 정확하게 설정되어야 한다.

10
오사카 약종상의 인생 계획

계획이 훌륭하면 절반의 성공을 거둔 것과 같다. 도쿠가와 시대의 어느 약종상(藥種商, 소매상)에게서 그 예를 볼 수 있다.

어렸을 때부터 교토의 약종상에 맡겨져, 거기에서 잔심부름을 하는 동안 그 청년은 어느새 30세가 되었다.

이 나이를 전환기로, 그 청년은 주인의 허락을 받아 독립하기에 이르렀다. 약간의 개업 준비 자금은 퇴직금으로 충당했다.

친절한 주인으로부터 오사카 부두에 있는 큰 약종 도매상을 소개받아 상품을 구입할 수도 있게 되었다.

이제부터 얘기하는 '만일 개벽장(萬日開闢帳)'이란 장부의 유래와 그 사람의 인생 계획이 어떠했는지 살펴보기로 한다.

이 새 상점 주인의 인생 계획은 이러했다. 지금은 30세이니 앞으로 25년간 열심히 일한다. 그리고 55세가 되면 자식에게 가게를 물려주고, 그 후 5년 동안은 절을 찾아 아는 모든 사람을 위해 불공을 드리는 등 보은의 여생을 보내리라고.

이 계획을 실행하려면 주택을 구입하여 자손에게 남겨야 하고, 노후의 생활비도 준비해야 한다. 또 신세를 진 사람이나 앞으로 신세질 많은 사람에게 충분한 보답을 하는 등 빚이 없는 상태에서 은퇴하고 싶은 것도 그의 소망이다.

이어서 장부를 만들고, 그 표지에 '만일 개벽장'이라 썼다. 여기에 앞으로 해야 할 일과 지금 필요한 것을 상업용과 가사용으로 나누어 꼼꼼이 적었다.

① 다다미 6장 ② 주판 1개 ③ 찬장 1개 ④ 저울 ⑤ 선반 ⑥ 방석 ⑦ 장롱 ⑧ 찻잔 ⑨ 수저 ⑩ 밥상 ⑪ 이불 ⑫ 접시…….

계속 적어 나가다 보니 놀라운 수가 되고, 금액도 상당하다.

그는 니죠오 부근 뒷골목에 3평 정도 되는 작은 가게를 얻었다.

그리고 머리를 짜서 아는 모든 사람들에게 일일이 개업 인사 편지를 보냈다.

'이번에 저는 주인의 허락을 받아 니죠오에 새로 상점을 열게 되었습니다. 이에 즈음하여 장부에 적혀 있는 항목에서 축하 선물을 마음 내키는 대로 골라 협조해 주시면 고맙겠습니다. 허나 과분한 도움은 사양하겠습니다.

금전인 경우에는 모아서 이 항목에 적혀 있는 것을 준비하겠고, 또 값이 적당하다면 그 중 어느 하나를 제게 파셔도 좋으니 부탁드립니다.

그러나 축하해 주시는 데 있어서, 이것은 정말 미안한 말씀입니다만, 술 같은 것은 오히려 저희 쪽에서 더 부담이 드니 사양하고자 합니다. 대신 이 '만일 개벽장'에 적힌 것 가운데서 구입할 수 있도록 힘이 자라는 한 현금으로 주신다면 더욱 고맙게 생각하겠습니다.'

훌륭한 계획이라 하지 않을 수 없다.

필수품은 모두 만일 개벽장에 적혀 있으므로 개업 축하 기념품을 보내는 쪽에서도 구체적이고 실행하기 쉬우며, 받는 쪽에서 보아도 싼 것에서부터 비싼 것에 이르기까지 여러 가지 있으므로 효율도 높다.

이리하여 당초의 축의금은 순식간에 은으로 520돈이나 모였다. 약 50돈의 은이 에도의 1냥(兩)에 해당하므로 양으로 따지면 10냥의 돈을 만일 개벽장 한 권으로 모을 수 있었다. 지금 시세로 1냥을 약 5만 엔 정도로 계산하면 50만 엔. 하지만 그 당시의 물가 시세를 조사해 본다면……

그는 이 520돈으로 여러 가지 비용을 충당했다. 자기 돈은 한 푼 들이지 않고.

520돈을 반으로 나누어, 260돈씩을 각각 앞으로 거래할 오사카의 도매상에 맡겼다. 히라노쵸 도매상에 260돈, 도슈쵸 도매상에 260돈.

이것이 구입 보증금 역할을 했으므로 주인의 추천과 보증금 등으로 장사는 처음부터 제법 번창했다.

원래 3평 정도의 가게로서는 숙식이 어려우므로 오랜만에 오사카에서 돌아오면 옛 주인의 집에서 기거하는 식으로 시작했다. 가재 도구는 차차 준비했으니 처음의 520돈에는 절대 손을 대지 않은 셈이다.

그리하여 1년이 지난 최초 결산에서는 자산이 5관으로 불어, 그 4분의 1에 해당하는 1관 520돈을 오사카의 두 구입처인 약종상에 다시 맡겼다. 이처럼 매년의 결산에서 4분의 1씩 예치를 계속했다.

그 결과 개업 후 25년이 되어 자식에게 가게를 물려줄 때에는 양쪽 도매상에서 원리(元利) 합계 50관씩을 받아 모두 1백관이 되었다.

도슈쵸 도매상에서 받은 50관으로는 오사카의 도시마에 40관을 들여 저택을 구입했으며, 히라노쵸 도매상에서 받은 50관으로는 은혜를 갚기 시작했다. 처음 20돈을 주었던 사람에게는 그 배인 40돈으로 갚았다.

이렇게 하여 빚은 한 푼도 없게 되고, 더구나 신세를 두 배의 돈으로 갚게 되니 마음도 깨끗해졌다. 그리고는 계획대로 절을 다니며 주위 사람을 위해 불공을 드림으로써 인생을 성공의 길로 걸었다고 한다.

정말 훌륭한 일이다. 처음에 좋은 계획을 세워 한 가지 목표를 향해 매진한 숭고하기까지 한 상인의 모습을 여기서 보게 된다.
이 상인을 성공으로 이끈 것이 계획서인 '만일 개벽장'에 있었다는 사실을 우리는 잊지 말아야 할 것이다.

11
누구에게 재산을 줄까

　오사카 나가호리는 각처에서 화물을 수송하는 배들이 모두 모이는 곳이다. 여기에서 목재 장사로 큰 돈을 번 상인이 있었다.
　종업원이 30명 이상이나 되는 큰 상점을 갖고 있던 그 상인은 60세가 되자, 자기 뒤를 이을 계승자를 세 아들 중에서 정해야겠다고 생각했다.
　장사는 곧 사람 나름이다 하는 말도 있으므로, 세 아들 중에서 가장 유능한 아들을 뽑기로 했다.
　어느 날 그는 사랑방으로 세 아들을 불렀다.
　"상인은 밤낮으로 모든 일에 골루 신경을 쓰고 주의를 기울이며 돈을 벌 생각을 하는 것이 가장 중요하다.
　내가 일찍이 이 집 뜰에서 정자에 올라 서남쪽 들을 둘러보던 중 돈을 벌 수 있는 방법을 찾아냈다. 지금 그것이 무엇인지는 말하지 않겠다. 너희들 셋이 그 정자에 올라 내가 말한 것을 찾아내기 바란다.

방법을 찾는다면 막내이건 둘째이건 가리지 않고 내 뒤를 잇게 하겠다. 돈이든 재물이든 다 물려 줄 테다."

이 말을 듣자 세 형제는 각각 정자에 올라 서남쪽 들을 바라보며 생각에 잠겨 있다가 돌아왔다. 그리고 차례로 대답했다.

장남은 이렇게 말했다.

"집 건너편에 심어진 옥수수의 뿌리가 남쪽으로 높이 솟아나 있습니다. 이로 보아 금년은 쌀 장사들이 옛부터 흔히 말했듯이 바람 많은 해이므로 쌀의 수확이 나쁠 것입니다. 쌀 농사가 좋지 않을 것으로 보인다면 곧 쌀을 많이 사두는 것이 가장 좋은 돈벌이가 될 것이라고 생각합니다."

이에 둘째는 이렇게 말했다.

"농민들이 논밭에 파놓은 샘에서 물을 길어 올리는 것을 보고 생각했습니다. 물을 길어내는 것과 관련해서 생각해 볼 때, 돈을 벌기 위해서는 수집물이 가장 좋습니다. 세상 물정을 잘 모르는 농부들이 사는 시골로 돈을 들고 가서 헌 도구, 금 세공품, 오래된 글씨나 그림 또는 골동품 같은 것을 수집합니다. 그중에는 훌륭한 물건이 꼭 있을 게 틀림없다고 확신합니다."

조용히 자신의 차례를 기다리던 막내는 나직막이 말을 꺼냈다.

"남쪽 울타리에 조그만 거미가 집을 지어 놓고 뭔가가 걸려 들기를 기다리고 있었습니다. 자세히 보니 조그마한 모기가 가끔 걸려 들었습니다. 웬일인지 그 거미는 그것으로 만족하는 것 같았습니다.

그런데 그 옆에는 겉보기에도 대단히 욕심꾸러기 같은 큰 거미가 있었습니다. 그 거미는 높은 팽나무 가지 끝에서 숲의 대나무 쪽으로 몇 번이나 줄을 걸어 놓으려 하다가는 실패하고 다시 또 걸어 놓으려 하다가는 역시 실패했습니다.

낮은 울타리에 집을 지은 거미는 몸도 안전하고 또한 가끔 모기도 걸려 들었습니다. 이로 보아 건실하게 장사해서 손해 보지 않는 것이 우리 집안을 지탱해 가는 가장 좋은 방법인 것 같습니다.

바둑의 명수는 이길 것을 생각지 않고 오직 지지 않도록 노력한다고 합니다. 이것이 이기는 방법이 아닌가 합니다. 장사에서도 '손해 보지 않는다'고 생각하는 것이야말로 진짜 돈벌이 방법이라고 여깁니다."

그러자 부친이 고개를 끄덕였다.

"내 나이 60이 되고 보니 막내 말이 참으로 옳다고 생각한다. 내 자신의 일생은 그저 운이 좋았을 따름이다. 거미의 예에서 보듯이 앞으로는 너희 두 사람도 사재기 따위는 절대 하지 말고 부디 건실하게 장사를 하기 바란다.

자, 내 재산 2천 관〔에도 시대의 돈의 단위. 1관은 약 1천 푼(文)〕을 다음과 같이 나누어 준다. 2천 관 중의 1천을 막내에게 주면서 목재상과 이 집을 주기로 한다. 나머지 1천 관은 큰 애와 작은 애가 나누어 갖도록 하겠다······."

12
머리 써서 돈 벌다

조죠지 절의 기와가 한 장 떨어졌다. 1683년의 일이었다. 이 때는 도쿠가와 츠나요시(1646~1709. 도쿠가와의 제5대 쇼군) 시대로서, 여러 영지에 깃발을 세워 검약령, 사치 방지령을 강행하고 있었다.

이러한 시대였으므로 기와 한 장쯤은 문제가 아니었으나 실제는 그게 아니었다.

조죠지 절은 도쿠가와 가문의 영모(靈廟)였으므로 그냥 둘 수가 없었다. 사찰지기로서 근무 태만이라면 큰일이었다.

수리 공사는 청부 입찰이었다.

'돈은 아끼지 않으니 되도록 빨리 견적서를 내라.'

곧바로 에도의 업자들에게 알렸다.

그런데 입찰 가격이 문제였다. 누가 보아도 그 높은 지붕에 사다리를 걸 수는 없었다.

기와 한 장을 가지고 지붕에 올라가 수리하기도 어렵다. 아무래도 발판을 만들어야 한다. 발판을 만들려면 적어도 통나무가 수백 개는 있어야 하고, 밧줄도 엄청나게 많은 양을 수레에 실어오지 않으면 안 된다. 그러나 이 입찰에 참가한 가와무라 즈이켄이 제시한 금액은 단돈 3푼 2주(朱)였다. 4푼이 1냥(兩)이므로 1냥도 되지 않는 금액이었다.

다른 업자들은 모두 1백 냥을 초과하는 거액을 제시했다. 너무 차이가 나서 한편 의심도 들었으나, 일은 시켜 보아야 하지 않겠느냐는 결론이 나와 가와무라에게 낙찰되었다.

가와무라는 몇 명 안 되는 인부를 데리고 절로 가서 연을 띄우기 시작했다.

연줄을 조죠지 지붕의 이쪽 끝에서 저쪽 끝으로 걸쳤다. 가느다란 실이 한 가닥 걸리자 이것을 점점 굵은 실로 바꾸고 나중에는 튼튼한 밧줄로 바꾼 다음 끝으로 줄사다리를 연결했다. 그리고는 뒷줄을 본당 뒤에 있는 큰 나무에 단단히 고정시켜 놓았다.

기와를 등에 짊어진 가와무라는 쉽게 지붕에 올라 재빨리 수리를 마치고 내려왔다.

"자, 일을 끝냈으니 3푼 2주를 주십시오."

이러한 그의 묘기에 모든 사람들은 감탄할 뿐이었다.

조죠지 절의 이 이야기가 역사적으로 보아 어느 정도 신빙성이 있는지는 알 수 없다. 그러나 오늘날까지 그 이름이 남아 있는 것을 보면 가와무라가 지략과 기재에 뛰어났던 것은 사실인 모양이다.

일본 연호로 텐나(1681~1684) 이전은 엔보(1673~1681).

엔보 1년에 조죠지 절의 범종이 만들어졌다. 앞에서 얘기한 가와무라 즈이켄의 기지가 다시 나오므로 덧붙인다.

그런데 범종을 매다는 갈고랑이가 부러졌다. 범종은 대지를 뒤흔들며 땅에 떨어졌다. 큰일이었다. 이렇게 무거운 것을 끌어 올려 종루에 매달기란 여간 큰 공사가 아니었다. 오늘날과 같이 크레인이 있을 까닭도 없다.

견고한 발판을 만들지 않으면 꼼짝도 하지 않을 무거운 범종이었다. 상당한 날자와 많은 비용이 든다. 그렇다고 이대로 방치할 수도 없다.

입찰 결과 모두가 엄청난 값을 제시했다. 그러나 이번에도 입찰에 참가한 가와무라 즈이켄이 제시한 가격은 다른 사람의 반도 안 되었다. 물론 가와무라에게 낙찰되었다.

어떻게 할 것인지 모두들 흥미롭게 지켜 보았다.

"쌀이 많이 필요하게 되었다. 섬에 든 채가 좋으니 조죠지 절 까지 납품해 달라."

그 후 쌀섬이 전국에서 속속 운반되어 왔다.

쌀을 인수할 때는 어느 쌀가게에서 왔는지 알아볼 수 있도록 섬에 이름표를 붙였다. 그 쌀섬을 종루 밑에 늘어놓고 조금씩 범종을 위로 밀어 올렸다.

마침내 그 무거운 범종이 종루에 걸렸다. 그러자 이번에는 쌀섬을 하나씩 제거했다. 이것으로 공사는 완료되었다.

굉장히 무거운 범종이었기 때문에 작업에 사용된 쌀섬의 수도 엄청나게 많았으나 공사가 완료된 후에는 소용이 없어졌다.

"이제는 쌀이 필요 없으니 납입 가격에서 1할을 감하여 도로 인수하는 게 어떠시오."

가와무라 즈이켄은 쌀장수들에게 이렇게 제의했다. 쌀장수들로서는 엊그제 운반해 온 것을 그대로 인수하는 것만으로 1할의 벌이가 되는 셈이었다. 더더구나 납입할 때 자기 이름을 달아 놓았으니 쌀이 바뀔 염려도 없었다.

발판을 만드는 비용, 운반하거나 정리하는 비용이 들지 않으므로 자연히 다른 업자들보다 싸게 사들일 수 있게 된 것이다.

치쿠젠의 영주 구로다 나가마사(1568~1623, 에도 시대 무장)가 니코에 돌로 된 도리이(신사 입구에 세우는 기둥 문)를 봉납하면서 그 갓돌을 올릴 때 이 쌀섬 공법을 이용했는데, 가와무라가 이 사실을 알고 공법(工法)을 차용한 것이라는 말도 있지만…….

가마쿠라의 도리이도 매우 유명한데, 그 갓돌을 올릴 때도 재미있는 발상이 사용되었다. 멀리서부터 둑을 점점 높이 쌓아 올라가다 도리이와 같은 높이가 되면 갓돌을 밀어 얹었다고 한다. 공사가 끝나면 이번에는 둑을 제거하는 토목공사를 했고. 이러한 공법이 가와무라보다 60년 앞선 겐와 연간에 있었다고 한다.

그러나 앞서 말한 연을 띄워 지붕을 수리한 공법은 전무후무한 가와무라 즈이켄의 독창이었다고 한다.

런던 서쪽의 브리스틀 부근에 버드라는 시골 마을이 지금도 있다. 목욕을 좋아하는 로마인이 영국에 침입했을 때 건설한 목욕탕 마을이다. 그러나 6세기가 되자 목욕을 싫어하는 색슨인이 지배하게 되면서 버드 마을은 쇠퇴하고 대신 여승들의 수도원이 되었다.

18세기에 이르러 낫시라는 재인(才人)이 앨런과 함께 그곳에 와서 목욕탕 거리로 부활시키면서 3천 명도 채 되지 않던 인구를 순식간에 그 10배로 만들었다. 그러나 종교계에서 반대했기 때문에 1820년경 이 마을은 다시 쇠퇴했다.

그런데 기획에 뛰어난 앨런은 이에 실망하지 않고 오히려 버드 마을의 경험을 살려 이번에는 웨머드 해안에 해수욕장을 건설했다. 국왕 조지 3세와 귀족인 쿨스타 후작을 이해시켜 그들의 별장과 집도 짓게 하여 더욱 유명하게 되었다. 이것이 유럽 해수욕장의 시초이다.

수영은 건강에 좋다. 노는 것은 정신 건강에 좋다. 이 두 가지를 결합시켜 홍행적인 해수욕장 경영을 처음으로 실시한 그 기재는 오늘날에도 아주 높이 살 만하지 않은가.

2

오사카는 때를 놓치지 않는다

13
바람둥이도 피는 못 속여

가네즈노쿠니(지금의 헤이코겐)의 이탄에서 대대로 양조업을 하던 집이 있었는데 그는 대단한 자산가이다. 연말 결산에서 해마나 순이익이 은 5관은 확실하다고 한다. 그것도 해마다 늘지도 줄지도 않고 착실히 모아졌다.

그런데 이 집안의 장남이 골칫거리였다. 말하자면 바람둥이였던 것이다. 이탄에서 가마를 달려 교토의 유곽에 가는 일이 너무 잦았다.

그날 밤도 고급 기생을 예약해 놓고 가마를 달렸다. 그러나 너무 늦어 새벽 두 시에야 그녀에게 도착했다.

목욕 후 요리를 먹은 다음 세 겹 요에 누워 천천히 발을 폈을 때 문득 문 열리는 소리가 들렸다. 이어 옆방 손님에게 '편지 왔어요' 하는 소리.

잠시 후였다.

"이거 좋은 벌이가 되겠네. 간토에 폭풍이 불어 쌀값이 갑자기 뛰었다는 얘기잖아. 빨리 오사카에 가서 규슈의 쌀을 모조리 사 모아야 되겠군. 큰 벌이가 될 게 분명하단 말이야. 좋아, 밤이 새거든 오사카로 가자."

혼자 중얼거리는 소리도 들렸다.

옆방 얘기를 들은 바람둥이 아들은 순간적으로 벌떡 일어났다.

"돌아가겠어."

아직 허리띠도 채 풀지 않았는데…….

가마를 불러 그 자리에서 후쿠미로 달리고, 이어 그곳 선창에서 배로 오사카를 거쳐 기타하마에 도착한 것은 오전 열 시. 급히 쌀 도매상에서 대량의 쌀을 사 모았다.

아니나 다르랴. 정오부터 쌀값이 오르기 시작하여 불과 두 시간 동안 38관이나 벌었다.

쌀값이 오르면 다른 물건도 덩달아 값이 오르리라고 그는 생각했다. 그래서 등기름 역시 대량으로 샀더니 이것도 값이 올라 순식간에 44관이란 이익을 보았다.

평소엔 바람둥이로 이름 높던 이 아들도 역시 장사꾼인 모양이었다. 상인의 피는 옆방 손님의 정보를 그냥 흘려보내지 않았.

피는 속이지 못했다. 그도 역시 훌륭한 상인이었던 것이다.

14
필요할 때 살아나는 오사카 근성

사는 사람은 '단돈 한 푼이 싸도' 거리를 가리지 않고 그 가게로 몰려 온다. 한 푼이 아까운 인색한 마음에서가 아니라 '파는 사람의 마음 씀'이 반갑기 때문이다.

장사 방법은 구태여 선생이나 학자에게 배울 필요가 없다. 매일매일 마음을 다해 장사를 하다 보면 체험으로 알게 되는 것이다. 다이쇼 시대(1912~1926)의 잡화점 사환 우스보케 미키치의 경우가 그렇다.

그날이 그날처럼 매상이 계속 오르지 않자 어느 날 주인은 상점에 있기가 싫어 아침부터 놀러 나갔다. 나가면서 하나밖에 없는 사환──우스보케 미키치에게 말했다.

"낮잠만 자지 말고 선반이나 깨끗이 청소하거라."

미키치는 명령대로 선반에서 먼지투성이인 상품을 꺼내 진열대에 늘어놓았다.

잡화상이므로 구석에서 여러 가지 물건이 나왔다. 치약, 칫솔, 휴지, 비누 등.

팔다 남은 것들은 다시 진열한다 해도 팔리지 않을 것이란 사실을 미키치는 잘 알고 있었다. 그래서 '골라 잡아 20전'이란 쪽지를 내걸었는데, 그만 순식간에 모두 팔리고 말았다.

저녁 때 돌아온 주인은 이것을 보고 잘했다고 칭찬을 하였다.

"장하다, 미키치. 쓸모 없는 재고를 현금으로 바꾸어 새로 운전 자금으로 만드는 것이야말로 장사의 첫번째 수완이지. 너는 참 훌륭했어."

우스보케 미키치는 쓸데없는 재고가 장사에 좋지 않다는 사실을 배우지는 않았으나, 매일처럼 장사를 하는 동안 저도 모르게 깨달은 상도(商道)였다.

싸게 팔아도 재고는 없애야 했다. 그러나 그것을 실행했다고 할 수도 있으나, 마음 한 구석에서는 원래대로 정리하기가 귀찮았던 것도 사실이다.

그래도 주인은 재고를 처분한 것만을 가상히 여겨 미키치를 매우 칭찬했다. 미키치에게도 상인 근성이 있었으니까.

이런 일이 있어도, 작은 가게 하나만으로는 도저히 생계가 유지되지 않아 주인은 다른 일자리를 구하기로 했으며, 대신 가게는 아내와 미키치가 꾸려 가기로 했다.

'어떻게 해서라도 돈을 모아야 할 텐데.'

아무리 열심히 노력해도 돈이란 그리 쉽게 모여지지 않는 것이어서 두 사람은 곰곰이 여러 가지를 검토하기 시작했다.

아내는 우선 금전적인 면에서 생각했다. 오전과 오후의 매상액을 나누어, 오전 매상에서 나오는 순이익은 매일 저금하기로 했으며 오후의 이익은 일상생활에 사용되는 비용을 쓰기로 했다.

미키치도 곰곰이 궁리를 해 보았다. 그러던 어느 날, 아주 조리 있는 생각을 펼쳐 보였다.

"아주머니, 오전의 이익은 저금하고 생활은 오후의 이익만으로 꾸려간다는 말씀이지요?"

"그래, 이렇게라도 하지 않으면 내 집 마련은커녕 언제까지나 셋집 신세를 면할 날이 없을 게다."

"그럼 아주머니, 매상을 두 배로 올릴 수 있는 방법이 있는데……."

"하지만 고무줄처럼 그리 쉽게 두 배로 늘어나는 게 아니란 건 너도 잘 알잖니?"

"아닙니다. 틀림없이 두 배로 늘어날 겁니다."

"과연 그런 방법이 있을까? 무슨 방법이 있단 말이냐?"

"진열하는 상품을 오전과 오후로 나누어 완전히 바꾸면 되지 않을까요?"

미키치는 매일 가게에서 손님들을 관찰해 왔기 때문에 어떤 물건이 언제 잘 팔리는지 알고 있었다.

오전에 팔리는 물건은 오전에, 오후가 되면 오후에만 팔리는 상품을 진열한다. 이런 획기적인 판매 방법을 어느 새 미키치는 터득하고 있었다.

치약은 오전, 칫솔은 오후, 지갑은 오전, 화장품이나 비누는 오후에. 이처럼 진열 상품을 오전 오후로 나누는 이 새로운 상법은 훌륭하게 성공을 거두어 매상이 두 배로 늘어났다.

　미키치는 보통 사람이 아니었다. 그 역시 철저한 오사카 상인이었다.

　언제든지 도움이 되는 상혼을 이미 그는 가지고 있었던 것이다.

15
벼락부자가 된 상인

석탄산(石炭酸)을 사라. 그것도 닥치는 대로 사라는 것이 주인의 명령이었다.

점원들은 주인이 미친 게 아닌가 생각하기까지 했다. 그러나 얼마 후 그들은 세이난 전쟁(1877년의 반란)이 일어났다는 것을 알았다.

싸움터의 위생 상태가 나쁘다는 것은 모두 아는 사실이다. 그로부터 1년이 지나자 콜레라가 발생했다. 당시까지만 해도 소독 약품은 석탄산밖에 없었다.

순식간에 석탄산의 값은 10배로 껑충 뛰어올랐다. 1년 전에 무척 많이 사두었기 때문에 주인은 벼락부자가 되었다.

이것은 메이지 시대의 대상인으로, 쵸슈 출신인 후지타 덴사부로가 장사로 돈을 번 예이다.

메이지 시대의 거부이기는 하지만 도쿠가와 말기의 일본 부호 명단에는 후지타 덴사부로의 이름이 없다. 그럼에도 불구하고 도쿄의 이와자키에 필적하는 간세이의 부호로는 역시 이 후지타를 손꼽지 않을 수 없다.

원래 양조업, 간장 제조, 금융업 등으로 부자가 된 사람이다. 그러나 그는 천하의 형세가 위급해지자 고향에서는 장사다운 장사를 할 수 없다고 판단했다. 그래서 오사카로 나왔던 것이다.

후지타 덴사부로는 관청의 납품업자가 되었다. 군수물자 조달이었기 때문에 분량도 금액도 엄청났다. 본업인 신발 납품 외에도 옷, 식량, 위생 자재, 기계, 기타 등을 사다 군에 납품하는 것이므로 얼마 되지 않아 크게 돈을 벌었다. 그리고 남작이 되기도 했다.

그 당시 부자가 어떤 것이었는지, 필자는 스마의 별장에 사는 그의 손자와 친구여서 그곳에 가끔 놀러갔기 때문에 두 눈으로 똑똑히 보아 알고 있다.

메이지 시대로 접어드는 변혁기에 놀라운 기재와 기략을 종횡무진 구사하여 거부가 된 후지타 덴사부로는 누가 무어라 해도 거물임에는 틀림없다.

무일푼으로 귀족과 가까워지기 위해 돈과 귀금속 중개업을 시작한 사람으로는 독일의 마이어 앰셀 로스 차일드(1773~1855. 유태인 금융가)가 있다.

아니나 다르랴. 이 계획은 성공을 거두어 당시의 명문 귀족인 프리드리히 헨리 백작에게 접근할 수 있었다. 1764년의 일이었다. 그로부터 5년 뒤에는 하나우 가문의 지정 상인 위치에까지 올라섰다. 26세의 청년 모습. 이것이 장차 로스 차일드 가문의 시초였다.

이처럼 프랑크푸르트의 유태 상인 가운데에서 열 손가락 안에 드는 자산가가 된 그의 모습은 후지타 덴사부로의 출생 과정과 비슷한 데가 있다. 더욱이 기재와 기략이란 면에서는.

단 하룻만에 5백 냥을 번 사람으로는 저 유명한 히라가 겐나이(1728~? 에도 시대의 과학자)도 있다. 그의 경우는 기지(奇智)가 곧 돈이었다. 지금 돈으로 환산해도 어마어마하게 큰 돈이다.

돈벌이는 우선 ① 무리(無理)의 발견에서 시작하여 ② 억지를 부리지 말고 ③ 도중에 중단하지 말며 ④ 머리를 써서 ⑤ 밝고 즐겁게 실행하면 반드시 성공한다.

히라가 겐나이의 어렸을 적 별명은 꼬마 귀신이었다. 재주가 뛰어나고 영리했으며 기지가 무한해서 붙여진 별명이었다. 31세에는 이미 대적할 사람이 없는 지식인, 발명가로서 빛을 발하고 있었다.

그 해, 그는 교토에 머물고 있었는데 호주머니가 텅 비어 있었다.

여관 주인은 무척 화가 나 있었다. 21냥 2보(푼) 2주(1냥의 16분의 1)의 청구서를 보냈으나 겐나이는 태연한 얼굴로 호주머니를 털어 보이며 3냥 3보밖에 없다고 말했다.

주인은 속이 이만저만 끓지 않았다.

그리고 며칠이 지난 어느 날,

"신스케, 잠시 오사카에 갔다 오게나. 나가시마야의 긴시로에게 이 편지를 주면 2천 냥을 빌려 줄 거야."

겐나이는 하인인 신스케에게 말했다.

나가시마야란 겐나이의 지도를 받아 히고에서 감자밭을 재배하여 크게 성공한 오사카의 설탕 도매상인이었다. 겐나이가 요구하는 대로 돈을 빌려 주어도 당연하리만큼 크게 신세졌던 사이였다.

그리고 신스케가 떠난 지 얼마 후 겐나이는 가마를 준비시켜 시마하라 이토야의 기생 집으로 갔다.

2층으로 안내받은 그는 하녀에게 고향(에도 시대에 통용되던 타원형 금화. 1개가 1냥에 해당된다) 하나를 쥐어 주었다.

고향을 선뜻 주는 손님은 좀처럼 없었다. 그러므로 기생집에서는 겐나이를 대단히 높은 지위에 있는 사람처럼 여겨서 그를 정중하게 모셨다.

겐나이는 자리에 앉은 다음 엄숙하게 말했다.

"아이코를 데려오게."

이토야의 아이코라 하면 일본에서 첫 손에 꼽히는 부호인 미쓰이 야로우에몬만 지명하는 기생으로 다른 손님이 아무리 불러도 결코 응하지 않기로 유명했다. 그러므로 이토야에서는 적지 않게 당황했다. 그러나 앞서 준 팁 1냥이 그때 효력을 발휘했다.

드디어 아이코가 나타났다. 다이묘도 부르지 못하는 아이코를 겐나이가 불렀다. 뿐만 아니라 그 집에 있는 기생은 모두 초대 하여 큰 잔치를 벌였다. 이토야에서는 난리가 났다. 보통 양반이 아니라는 확신이 더욱 굳어졌다.

"아이코가 마음에 들었어. 몸값을 치르고 밖으로 데려가고 싶은데 얼마면 되겠나?"

한창 흥이 돋우어질 무렵 이토야의 주인에게 겐나이가 말했다.

이 말을 들은 주인은 곤란해 하며 대답하지 못했다. 오래 전부터 미쓰이 야로우에몬의 지정 기생으로, 이 사실은 교토에서 모르는 사람이 없을 정도였기 때문이다.

그런 사실을 누구보다 잘 알면서 이제 새삼스럽게 누군지도 모르는 사람에게 '네, 그렇게 하지요' 하고 대답할 수는 없었다. 아무리 돈을 많이 준다고 해도 말이다. 그러니 우물쭈물할 수밖에 없었다.

그런데도 불구하고 겐나이는 몸값으로 얼마를 주면 되느냐고 끈질기게 늘어붙었다.

"죄송하지만 7백 냥은 주셔야겠는데요……."

7백 냥이라고 하면 놀라서 입이 쑥 들어갈 줄 알고 주인은 겐나이에게 말했다.

"겨우 그것뿐이란 말인가? 나는 좀더 비쌀 것으로 생각했는데."

이렇게 말하는데, 오사카에 갔던 신스케가 2천 냥을 갖고 왔다.

"아이코를 데려가는 대가로 돈은 지금 지불하겠네. 허나 지금 당장 데려가겠다는 것은 아닐세. 몸값으로 1천 냥을 주지. 그밖에 따로 5백 냥을 줄 터이니 그 돈으로 송별회나 열게."

그리고 겐나이는 다시 교토로 돌아왔다.

놀란 것은 이토야의 주인만이 아니었다. 미쓰이 야로우에몬은 더욱 놀랐다.

어디의 누구인지는 몰라도 몸값을 내고 아이코를 데려간다면 지금까지 오랫동안 공을 들인 보람이 없어질 터였다. 체면도 말이 아니다. 어떻게 해서라도 아이코를 되찾아 와야 자신의 체면이 설 것 같았다.

이렇게 생각한 야로우에몬은 직접 겐나이를 찾았다.

"처음 뵙습니다. 미쓰이 야로우에몬이라 합니다."

"이렇게 오시다니 무척 송구스럽습니다. 히라가 겐나이라고 합니다."

모두 알려진 사람이었으므로 이름은 전부터 알고 있었으나 만나는 것은 이번이 처음이었다.

"일본에서 첫째 가는 대부호 야로우에몬 님이 귀여워하시는 아이코, 두말 없이 흔쾌히 보내드리겠습니다. 사실이지 아이코를 내 것으로 하겠다는 생각은 처음부터 없었습니다."

겐나이는 깨끗이 양보했다.

한편, 천하의 거부 미쓰이 야로우에몬은 가만히 있을 수 없어서 아이코의 몸값으로 1천 5백 냥을 지불한 데 덧붙여 사례금으로 5백 냥을 더 건넸다.

처음 겐나이가 이토야에 지불한 것은 모두 1천 5백 냥인데 야로우에몬에게 받은 돈은 2천 냥이다. 겨우 하룻만에 5백 냥을 벌었다. 이로써 겐나이의 기개가 어느 정도였는지 알 수 있다.

하루에 5백 냥을 번다는 것은 경제 성장기가 아니면 도무지 있을 수 없는 이야기이다.

8대 쇼군 요시무네(1684~1751. 도쿠가와 바쿠후를 중흥시킴) 시대에 태어나 10대 쇼군 이에하루(1737~1786)시대에 이르는 겐나이의 일생은 구상인이 몰락하고 도쿠가와의 신흥 상인이 발흥하는 시대였다.

신구 교체기에는 미쓰이 야로우에몬이 대중 상업에서 성공하여 하루 매상 1천 냥이 넘는 벌이를 했다. 그러나 상대가 에치고야의 미쓰이 야로우에몬이기 때문에 이런 큰 벌이를 한 것이지, 불경기일 때 그런 떼돈을 벌려고 한다면 상인의 자격이 없다.

투기적인 일이 가장 어려울 때가 불황기이다. 이럴 경우는 오히려 원점으로 돌아가는 게 좋다. 그것을 도쿠가와 시대의 오사카 상인은 '정당한 길로 벌어라'라고 가르쳤다.

16
취미도 돈벌이에 이용하는 오사카 상인

열심히 일하는 것을 비방하는 건 결코 아니다. 그렇지만 자나깨나 일밖에 모른다면 오히려 일이 잘 풀리지 않을 때가 더 많을 것이다. 어느 사이엔가 정신적 성장이 늦춰지게 될 것 같기도 하지 않은가.

일은 그렇다 치더라도, 상사에 대한 불만을 귀로의 지하철 안에까지 품고 가서, 확실히 자기가 그 상사보다 훌륭하다고 믿는다는 따위의 얘기만 하는 것은 아무래도 듣기에 싫증이 난다. 어느 정도의 비판쯤이야 누구나 할 수 있지만.

개 같은 짐승도 사람에 대해 품평을 한다. 물든가 짖든가 도망치든가 꼬리를 흔들며 자기의 머리를 쓰다듬게 하는 등, 경우에 따라 태도를 달리한다.

개 정도의 지능이 있으면 사람을 비판할 수 있다. 하물며 인간이라면 상사에 대한 비판도, 대통령에 대한 비판도, 일본 수상에 대한 비판도 할 수 있는 게 당연하다.

그렇지만 그보다는 좀더 인간성의 폭을 넓히는 게 어떨까.

아침에 집을 나와 저녁에 집으로 돌아가는 식의 샐러리맨에게 대기업에서는 낙제 점수를 매긴다. 인간으로서의 폭을 넓히기 위한 취미, 일 이외의 취미를 갖지 않았기 때문이다.

어디서 어디까지가 취미이고 또 어디까지가 오락이냐는 식의 꽤 까다로운 말투는 그만두고, 생계를 유지하는 일 외에 인간성을 깊게 하는 취미, 그것에 의해 생활에 정취를 주고 여유 있는 마음을 유지하여 결과적으로는 일에도 도움이 될 만한 취미가 누구에게나 하나쯤 있는 게 바람직하다는 말이다.

오쿠보 도시미치 (1830-1878. 정치가)는 대 정략가인 시마즈 히사미쓰 (1817~1887)에게 접근하기 위해 바둑을 배웠다고 한다. 그렇지만 이 경우처럼 책략이나 담력을 늘이는 취미는 취미라고 말하지 않는 편이 좋을 것이다.

하카다의 호상 시마이 소오시쓰(1539~1615)는 다도(茶道)에 통달한 사람이었다. 큰 돈으로 유명한 찻잔(名器)을 구한 다음 오다 노부나가 (1534~1582)와 도요토미 히데요시(1536~1598)에게 접근했다.

마찬가지로 가미야 소오탄(1551`~1635)도 다도를 통해 도요토미 히데요시와 친해질 수 있었다.

도쿠가와 시대의 오사카 상인도 다도를 통해 귀족 등과 교제하는 것을 중요시했던 듯하다. 고문서를 보더라도 '평소 거래 관계가 있는 다이묘가 일을 보러 가는 길에 오사카에 들렀을 때 그에게 보여 준 차 도구류 중 흙으로 지은 도기 중에는 깜짝 놀랄 만한 명기가 있어 다이묘의 기분이 아주 좋았었다고 기록되어 있다.

취미의 세계에서는 일 때문에 만나는 사람과는 달리 언제나 정해져 있는 타입 이외의 사람과 만날 수 있기 때문에 더욱 좋다.

크게 계발되는 일도 매우 많다. 게다가 그 방면의 일에 가르침을 받을 수도 있으니 얼마나 좋은가.

'죽을 때까지 평생을 두고 누군가에게서 배운다'라는 주옥 같은 말을 무심히 하기도 하는데, 지위가 높아지면 높아질수록 머리나 허리가 낮아지는 훌륭한 사람은 배우는 입장을 어디선가 실천하고 있기 때문이 아닐까.

존경받는 사람에게는 반드시 뛰어난 취미가 한 가지 있다.

17
돈 벌려면 장소를 가린다

홋카이도의 한 여인숙에서 어느 청년을 상대로 열심히 얘기하고 있는 나이 많은 스님이 있었다. 교토에 가기보다는 차라리 에도에서 장사하는 편이 좋겠다고 충고하는 것 같았다.

"뭐라고, 그래도 교토에 가겠다고? 그곳에서 장사 수업을 하겠다는 말이지? 천만의 말씀이야. 물론 교토는 예로부터 유명한 도시임에는 틀림없어. 그러나 그곳은 오직 문화의 도시일 뿐일세.

만약 앞으로 와카(일본 고유 형식의 시)를 공부한다거나 학문의 길을 걷기 위해 수업을 할 생각이라면 교토에 가는 것도 좋겠지. 그렇지만 장사를 배우겠다면 학문으로 치장된 교토는 일찍 단념하는 게 좋을 걸세.

모처럼 이곳까지 왔는데 실망시켜 미안한 일이네만, 교토 행은 이제 그만두게. 뒤로 돌아 에도에서 버티도록 하게.

에도는 뭐니 뭐니 해도 도쿠가와 쇼군의 무릎 밑일세. 바로 소비의 중심이란 말이지. 그러니 장사할 재료는 얼마든지 있어. 다이묘의 부인과 딸들이 모두 에도에 살지 않는가. 팔려고 하면 얼마든지 팔 수 있어. 팔아 줄 사람이 줄을 서 있는 곳이 바로 에도라는 말일세."

떡도 남의 것이 더 커 보이게 마련이다. 지금의 여기보다는 좀 나으리라 믿는 달콤한 희망적인 관측은 누구의 마음에서도 싹트게 마련이다.

이 청년, 가와무라 즈이켄(1617~1699. 에도 초기의 상인)의 경우도 역시 마찬가지였다. 13세 때 에도로 나와 친척집에 머물며 수레꾼이 되었다. 그렇게 하면 에도에서 겨우 살아갈 수는 있겠지만 그대로는 도저히 앞으로의 전망이 보이지 않았다.

에도가 안 된다면 교토가 있다. 그렇다. 오랜 도읍지인 교토라면 어떻게 운이 열릴지도 모른다. 교토로 가자 —— 별로 아는 사람이 있는 것도 아니었으나 교토에서라면 절대적으로 성공할 수 있으리라는 확신이 섰다. 이것이 어느 새 이미 결정되어져 있는 운명처럼 생각되었던 것이다.

세상의 이치를 터득하고 인생 경험을 쌓은 스님의 입장에서 볼 때 가와무라 즈이켄의 태도는 그 뜻은 가상하다고 하겠으나 어딘지 모르게 위험하게 보였던 것 같다.

발꿈치를 돌려 다시 에도로 돌아간 즈이켄의 태도도 칭찬할 만하다. 젊었을 때는 노인의 말 같은 것은 귀담아 듣지 않는 것이 상식처럼 여겨지게 마련이다. 그러나 노 스님의 말을 그대로 실천한 것이 뒤에 위대한 부자 상인이 된 계기가 되었다.

18
육감이 얼마나 중요한데

중소기업을 성공적으로 이끌기 위해서는 육감을 중요시하지 않으면 안 된다.

하지만 모든 일을 육감만으로 판단하면 안 된다. 이것을 분석하고 과학화하여 되도록이면 많은 사람이 공유재산으로 활용할 수 있도록 노력할 필요가 있다.

'느낌'의 경영은 이미 낡았다. 앞으로의 경영은 계수 관리에 의한 경영이 아니면 안 된다. 그러나 '육감'을 무시하라는 것은 아니다. 이것을 보다 더 갈고 닦아 사업 경영의 커다란 받침으로 간직해야 한다는 의미이다.

이에 대해 느낌은 단순한 기분, 즉 필링이다. 경험이 없더라도 신경이 있으면 누구든 느낄 수 있다.

그러나 느낌에는 경험이 뒷받침하는 분명한 증거가 없으므로 제대로 적중하지 않는다. 그리고 느끼는 사람의 신경이 둔하냐 날카로우냐에 따른 차이가 있다. 모든 일에 태평스러운 사람은 느낌이 둔하고 소심한 사람은 아주 사소한 일에도 날카로운 반응을 보인다. 요컨대 느낌이란 회사 경영에 적당치 못하다.

그런데 문제는, 육감이란 한 사람 한 사람이 각기 다른 경험에서 저절로 흘러나온 것이어서 많은 사람들이 똑같은 육감을 가지기가 어렵다는 점이다.

더욱이 이래서는 아무것도 안 된다. 육감이란 그 사람뿐 아니라 뒤에도 이어질 수 있도록 올바르게 전해져야 한다.

이런 의미에서 경영자는 아랫사람으로 하여금 자신과 같은 육감을 가능한 한 빨리 몸에 익히게 하여 자신의 육감을 모든 사람의 공유재산으로 활용할 수 있게 하고 나아가서는 보다 훌륭히 연구 검토하도록 해야 한다. 얼마나 좋은 것인지 진지하게 생각하지 않으면 안 된다. 그렇지 않으면 기업의 앞날이 위태롭게 되고 만다.

그러기 위해서는 평소부터 육감을 분석하고 이를 과학화하는 습관을 몸에 붙이도록 경영자 스스로가 노력해야 한다.

다시 말하면 경험을 분석하라는 것이다. 그것도 실패한 경험이 아니라 성공한 경험을.

어떤 일이 성공한 데에는 자신의 노력보다는 운이 좋았을 경우가 많은데 성공했다는 사실에 도취되어 오직 힘으로 이루어 놓았다는 식으로 자만심에 빠질 우려가 많기 때문이다.

이래서는 경험으로 배운다는 사실이 빈 말이 된다. 그것은 곧 자신의 실력, 노력이 어느 정도인지 그것이 효과적이었는지 아닌지를 그

때 그 자리에서 반성하고 평가하는 것이다.

그러기 위해서는 성공하게 된 여러 가지 요인 가운데 운이 좋았던 요인을 엄격하게 뽑아내야 한다. 이것이 경험의 분석이다.

그리하여 이런 경우에는 이렇고 저런 때에는 저렇게 하는 식으로 자신의 의견을 자신 있게 말할 수 있도록 경험을 과학적으로 정리해 간다.

이렇게 경험이 분석, 정리, 소화되어 축적되면 경영자 이외의 다른 사람도 그것으로 부족한 경험을 보충할 수 있고 쓸데없는 시행 착오를 하지 않아도 좋다.

또한 그렇게 하면 성공률도 높아지고, 성공에서 배운 교훈으로 각자가 갖는 직감력도 강화된다.

요컨대 경영자가 자신의 경험 분석과 과학화에 성의를 보이게 되면 그것으로 회사 내의 많은 사람들의 직감력이 기하급수적으로 확대 강화된다. 이것이 바로 육감의 경영이다.

육감은 그냥 버려두면 1대에 한하지만 쓰기에 따라서는 먼 날까지 공유할 수도 있다. 이것이 바로 분석과 과학화를 뜻하는 것이며, 계수 관리의 진정한 의미 또한 여기에 있다.

오래 전의 일이다. 당시 나는 미쓰비시 은행의 본점 영업부에서 예금 신탁을 모으는 일에 열중해 있었다.

전 미쓰비시 부사장 다나카 스토메 씨가 당시 영업부장이었는데, 어느 날 〈비지니스 위크〉지를 보여 주었다.

미국에서의 기업 연금이 아름다운 컬러 도표에 의해 한 눈으로 알아볼 수 있도록 나타나 있었다. 그 수치는 매우 성공적이었다. 급상승을 기록하고 있었다.

"우리 나라에서도 성공할 수 있을 겁니다. 그리고 신탁 업무로서, 우리 은행에 꼭 알맞습니다. 게다가 매우 유망하고 또 신탁다운 일입니다. 즉시 개발하세요."

영업부장은 성공을 장담하는 눈빛으로 지시를 내렸다.

"네, 지시대로 하겠습니다."

나는 그 자리에서 의식적으로 즉시 대답했던 일을 지금도 분명하게 기억하고 있다. 왜냐하면 내 머리 속에서는 그때 저 도쿠가와 시대의 오사카 대상인 고치 요시우에몬에 관한 생각이 즉각적인 답변의 밑바탕에 깔려 있었기 때문이다.

인생을 주판으로 따지면 무사만큼 손해 보는 사람도 없을 것이다. 그러므로 생명을 내던지지 않아도 되는 상인의 길을 택했던 것이 신로쿠이고, 그가 바로 고치 가문의 최초의 상인이었다.

'당신이 그래도 무사냐?'

대대로 무사였던 집안에서 상인이 나왔으니 그는 틀림없이 욕깨나 먹었을 것이다. 하지만 짧은 기간에 신흥 재벌이 되어 당시로 말하면 벼락부자가 되었다.

벼락부자가 되기까지 그의 상술도 볼 만한 것이지만 노무(勞務) 정책이나 인사 정책도 뛰어났다. 그 당시 그는 종업원 공제조합 제도도 이미 갖춰 놓았고, 오늘날의 이른바 연금 제도란 것도 그때 이미 실행하고 있었다.

퇴직 후에도 오랫동안 연금을 받았던 반토오는 이를테면 오늘날의 연금 수령자에 해당한다.

　우리 나라 근대 기업에서도 연금 제도는 충분히 발달할 수 있을 것이다 —— 라고 믿을 수 있었던 지식이 내게 준비되어 있었던 덕분에, 〈비지니스 위크〉지를 기초로 한 연금 신탁 업무의 신규 개발 명령을 나는 아주 순순히 받아들였던 것이다.

　대학생 때부터 집에 남아 있던 고문서로 오사카 상인들에 대해 연구했다고 해도 이렇듯 실증적인 연구가 연금 신탁 업무를 전개하는데 도움이 되리라고는 돌아가신 양친이나 나 자신도 전혀 생각지 못했던 일이다.

　오늘날에는 기업 연금이니 연금 신탁이라는 말들이 흔히 쓰이고 있지만 내가 연금신탁 업무를 전개할 때만 해도 전혀 보급되어 있지 않았다.

　그러므로 성장 경제 속에서 복지 경세를 예견한 섬에서는 자못 선견지명이 있었던 훌륭한 명령이요, 그야말로 반세기를 꿰뚫어 본 지시이기도 했다.

　모험과 위험을 각오하고 이익을 얻는 것이 옛부터 '장사'의 올바른 길임을 알고 있었기 때문에, 그 명령을 순간적으로나마 냉정히 의미 깊게 받아들였던 게 아닐까.

　어느 날 무슨 일이 생길지 모른다. 이때를 위해 자기 나름의 대비가 있어야만 한다. 이 시대는 언제나 그것을 우리에게 요구한다.

19
서두르기보다 늦지 않는다

　앞으로의 경영에서 가장 중요한 것은 생산에서 사무에 이르는 이른바 분야별의 '지연'을 없애야 한다. 이것을 노 딜레이(지체하지 않음)운동이라 한다.
　경영이란 시간에의 도전이며 관리라고 할 수 있다. 하지만 시간에의 도전은 스피드 업에 한하지 않는다. '지체하지 않는 것'도 시간에의 도전이다.
　이를테면 급히 서두르지 않으면 안 된다는 것은 늦었기 때문이다. 늦지 않았으면 그처럼 급하게 서두를 필요 없이 일이 진행된다.
　스피드 시대라는 이유로 우리들은 평소 왜 급하게 서두르지 않으면 안 되는지 그 이유를 별로 생각해 보는 것 같지 않다. 하지만 지금부터는 급히 서두르기보다 서두르지 않으면 안 되는 그 이유를 생각하고 늦어진 원인을 분석하여 근본적으로 더 이상 늦어지는 일이 없도록 할 필요가 있다.

 전후 일본의 공장들은 부가가치 확대를 위한 생산성 향상 운동을 주측으로 여러 가지 합리화 슬로건이나 새로운 수단을 구상해 왔다. 하지만 이들 합리화는 언제나 벽에 부딪쳐 그 효과를 잃었고, 오늘날에 와서는 기업에서도 공장에서도 가장 중요한 합리화가 '노 딜레이 운동'이 되었다.

 일본의 기업은 크든 작든 가릴 것 없이 차입금에 의존하는 경영을 하고 있다. 대기업의 경우 사원 한 사람이 평균 1천만 원의 차입금을 안고 있다는 계산이다.

 그 금리 부담만 해도 사원 한 사람이 1분간 3원에 달한다. 1백 명의 사원이 한 번 하품을 하는 데 3백 원의 금리가 헛되이 날아간다.

 그렇다고 하품하지 말라는 것은 아니다. 사무에 있어서도 약간의 합리화, 즉 일을 지연시키지 않고 재빨리 처리할 수 있는 방법을 생각해야 할 필요가 있다는 말이다.

 공장에서는 스피드 업으로 분야를 다투듯, 훌륭한 관리가 이루어진다 해도 사무실 관계자가 태평스럽게 시간을 보낸다면 애써 이룩한 공장에서의 스피드 업도 아무런 보람이 없다.

 스피드 업으로 생산비를 인하하는 것보다 사원들이 빈둥거리기 때문에 헛되이 소비되는 금리를 없애는 것이 더 큰 문제이다.
예컨대 공장에서 잔업이 늘어나고 끝맺음이 안 된 제품이 불어나는 것은 작업 전의 사무 준비가 서투르고 늦었기 때문이다.

 또한 주문된 상품의 납품 날짜를 맞추지 못해 곤란한 입장에 빠지는 것은 주문 관계자가 늑장을 부렸거나 생산을 준비하는 체제가 갖춰지지 않은 데 원인이 있다. 이와 함께 정보 수집이 늦었거나 정보 처리나 그것을 활용하는 데 서툴렀기 때문이다.

또 한 가지 지적할 것은 일본 기업에는 회의가 지나치게 많다. 이것도 지연의 한 가지 원인이다.

회의가 많다는 것은 기업의 커뮤니케이션 책임자의 리더십이 서투르다는 것을 의미한다.

회의라는 이름으로 업무 처리가 지연되는 원인을 없애기 위해서는 커뮤니케이션이나 리더십에 대해 다시 한 번 생각을 고칠 필요가 있다.

20
돈벌이 되는 장사는 어디에나 있다

상점을 열어 2대나 3대에 이어 계속하기란 말처럼 그렇게 쉽지 않다. 그러니 반세기를 계속한다는 것도 무척 어려운 일이다.

긴자에서 메이지 새대부터 계속 운영되고 있는 상점은 다음의 일곱 곳뿐이다.

메이지야, 하토리, 시세이도, 이토야, 타마야, 가메야, 미쓰하루.

좀더 거슬러 올라가 에도 시대부터 계속운영되고 있는 상점은 다음 네 곳이다.

마루하치, 규이도, 후케츠, 하쿠보탄. 그리고 다시 수십 년이 지난 지금 긴자를 걸어 보면, 상점은 예전 그대로 있으나 취급하는 상품이 예전 그대로인 곳은 하나도 없다. 그러므로 상점을 발전시키기 위해서는 취급하는 상품을 고정시키지 않고 시대에 따라 변화시켜 왔다는 것을 알 수 있다.

예날, 치약으로 유명했던 마루하치는 오늘날 훌륭한 빌딩을 세웠으나 직영 상점으로는 그 빌딩 한 귀퉁이에 있는 장기와 바둑판 판매소뿐이다. 에도 시대에는 '카스텔라 후케츠'로 유명한 후케츠였으나 지금은 그 상점도 과자나 요리의 범위를 넓히고 있다.

좋은 향기의 먹을 것이라 해서 '우메가쿄'로 이름 높던 규이도에 들어가 보면 예전처럼 음식 먹는 사람은 볼 수 없고 그 대신, 한 귀퉁이에서 직영으로 붓, 종이, 봉투 따위만 팔고 있었다.

또 하쿠보탄은 유명한 화장품 가게였는데, 긴자 5가에 있는 현재의 빌딩에는 멋진 핸드백이나 부인용 일용품만이 진열되어 있다. 화장품은 어디에도 보이지 않았다.

'전통적인 가게'니 '옛 점포'니 하고 오랜 역사와 전통을 내세우는 것은 물론 좋다. 또 취급하는 상품이 시대의 흐름에 따라 유동적이어도 전혀 이상할 게 없다. 오히려 '우리 상점은 에로부터 빈스(머리기름) 하나로만 버티고 있습니다.'라며 으스대던 유명한 메이지 다이쇼 시대(1912~1925)의 빈스케 상점이 끝내 문을 닫을 수밖에 없었던 이야기가 가슴 아플 뿐이지만.

다이쇼 시대의 여성의 머리 모양은 귀를 덮거나 단발이 유행했다. 단발이라는 거창한 표현을 했으나 짧게 깎았을 뿐 오늘날의 눈으로 보면 그리 놀라울 것도 아닌데 당시에는 모던 걸의 상징으로 통했다. 이러한 시대의 추이를 좀더 일찍 간파했더라면 빈스케에서는 상품을 전환했어야 했다.

물론 빈스케에서 포마드로 재빨리 상품을 전환시킨 상인은 성공했다. 그러나 끝까지 빈스케를 고집하던 사람은 몰락했고,

이처럼 상인에게는 특히 시대의 흐름을 꿰뚫어 보는 눈이 필요하다. 그 변천을 재빨리 포착한 예는 얼마든지 있다.

메이지 시대 초기였다. 온통 외세 바람이 불어 소위 하이칼라가 유행했다. 이때 촌마게(일본식 상투)와 하카마(겉에 입는 주름잡힌 남자 하의)가 없어지고 대신 양복 시대가 오리란 것을 제일 먼저 간파한 사람이 니시무라 쇼조란 상인이었다. 그러나 그는 양복점을 차린 게 아니라 제화점을 노렸다. 역시 그다운 발상이었다.

그리고 전후의 폐허를 둘러보면서 누구나 건축업을 하면 돈 벌것이라고 생각했다. 그러나 이보다 한 발 앞서 어떤 사람은 유리 가게로 성공했다. 앞으로는 서양식 가구가 잘 팔리리라 판단한 사람도 성공했다. 변기와 세면대에 눈독을 들여 성공한 사람도 있고.

이처럼 '세상을 바라보는 눈'이 있다면 돈을 버는 장사는 어디에나 널려 있기 마련이다. 그것을 지금 자기 자기가 하는 장사와 결부시켜 좀더 전진 발전시키는 상인은 백 번 성공할 것이다.

물론 아무것도 하지 않는 상인은 저절로 몰락하고 말지만.

21
오사카는 때를 놓치지 않는다

어업과 마찬가지로 장사에도 물때가 있다.
상품을 사들이고 파는 데도 물때가 있고, 그 시기를 놓치면 어떤 장사든 제대로 되지 않는다.
보통 기업은 아침 아홉 시에서 저녁 여섯 시까지의 낮시간이 물때이지만 신문사의 경우는 밤낮 24시간이 물때이다. 식당, 레스토랑에는 낮 두 시간과 저녁때부터 밤까지의 3~4시간이 물때이고, 주택가 근처의 생선가게와 채소가게는 저녁때가 물때이다.
술을 파는 바의 경우는 초저녁보다 한밤중이 물때이다. 바닷가에 있는 술집들은 한밤중에 문을 열어 다음 날 아침 아홉 시 쯤에 문 닫는 곳도 있다.
언제가 물때인지는 장사의 성격에 따라 다르다. 또한 상점의 경우는 장소와 사람의 흐름에 따라 물때가 크게 달라진다. 따라서 그 물때를 놓치면 매상의 증가는 바랄 수 없다.

마루노치나 이와이에 있는 상점이라면 저녁때 일찍 문을 닫아도 되지만 신주쿠의 상점이라면 상당히 늦은 시간까지 문을 열어 놓아야 한다.

그런데 최근에 와서는 이렇게 중요한 물때를 무시하고 제멋대로 상점문을 열었다 닫았다 하는 가게가 의외로 많다. 그러한 상점들은 한결같이 요즈음은 전혀 벌이가 되지 않는다고 울상이며, 그 핑계를 백화점이나 슈퍼마켓의 진출과 지나친 인건비 탓으로 돌린다.

단적으로 이런 사람은 올바른 경영자라고 말할 수 없다.

하긴 경영의 민주화 물결이 일고 근로 기준법에 따른 당국의 감독이 강화되어 상점에서의 사람 부리기가 어려워진 것만은 사실이다.

종업원들 사이에도 일은 밤이 아니라 낮에 하는 것이라는 생각이 일반화되어 고용자도 야근올 시킬 때에는 시간 외 수당이나 야근비를 지급해야 한다. 때문에 눈치 보며 일 시키기보다는 아예 가게문을 일찍 닫아버리는 편이 이익이라고 얘기한다.

이 경우 일단은 그럴 듯하게 들리지만, 그 이면에는 상점에 대한 주인의 생각이 크게 빗나가고 있다. 뿐만 아니라 가게문을 일찍 닫는 데는 주인이 장사에 열의가 없다는 게 주요 원인으로 보여진다.

결국 자기가 밤 늦게까지 일하는 게 싫어서 종업원이 일하기 싫어한다고 핑계대고 가게를 닫아버리는 것 같다. 만일 그렇다면 있을 수 없는 일이지만.

상점은 종업원의 것이 아니다. 앞장서야 할 주인이 이처럼 적당히 일한다면 장사가 제대로 될 리 없다.

장사가 중요하고 상점이 귀중하다고 생각한다면 설사 혼자가 되었다 하더라도 끝까지 버티겠다는 의지가 없어서는 유지되지 못한다.

종업원이 퇴근하고 싶어 한다면 보내고 혼자 일하면 되지, 상점의 문을 닫을 필요까지는 없다. 일손이 모자라면 아내와 자식들을 동원하면 된다.

'요즘 세상에 상점 일을 거드는 아내와 애들이 어디 있어.'

이런 식의 장사라면 차라리 당장 걷어치우는 편이 낫다. 도움이 되어야 할 아내와 자식들이 거들려고 하지 않는 상점, 도움이 될 수 없는 그런 상점이라면 한푼 가치도 없다.

또한 주인이 의지를 갖고 열심히 하면 종업원도 반드시 따라온다. 주인이 게으르기 때문에 종업원도 게을러지는 것이다.

시기를 놓치느냐 놓치지 않느냐는 사람 부리기가 어렵다는 데에 있는 것이 아니다. 하나에서 열까지 주인의 열의에 달려 있다.

도쿄의 아카사카나 이와이에는 외국인 레스토랑이나 호텔, 나이트 클럽이 성업을 이루고 있다.

아카사카뿐 아니라 조금만 거리를 걸으면 중국이나 한국 음식점이 눈에 띈다. 그들은 모두 번창하고 있다.

그들은 장사에 지극히 열심이다. 예를 들면 그들은 경영자로서 지배인으로서 반드시 문을 닫을 때까지 남아 감독하며 고객에게 서비스한다.

우메다에 징기스칸 요리를 잘 하는 '뮌헨'이라는 음식점이 있다. 이 집 주인은 매일 밤 상점 문 앞에 서서 이상한 제복을 입고 '이랏샤이

마세(어서 오십시오)'라고 인사한다. 손님에 대한 서비스가 완벽하고 손님도 만족해 한다.

경영자가 이처럼 열심이기 때문에 종업원 또한 열심히 하지 않을 수 없다. 따라서 상점 전체가 활기에 차고 서비스가 좋다는 평판도 높아진다. 그러므로 장사가 점점 번창하는 것은 당연한 일이다.

번창하니까 상점 경영이 편해지고 값도 싸게 할 수 있으며 요리도 더욱 맛있게 제공된다. 또한 상점이 번창하여 벌이가 좋아지므로 종업원의 급여도 오르고 따라서 종업원은 더욱더 열심히 일한다. 태만하거나 그만두는 사람도 없다.

경영에 대해서나 사람 부리기의 고충이 전혀 없다. 그런 걱정이 필요 없다.

이것은 무엇을 뜻하는가.

22
우는 소리는 하지 않아

'싸움은 7푼(分), 3푼이면 이기기 힘들다.'
 이 말은 우리 편이 고달프다고 생각할 때에는 적도 고달프며, 때문에 고달프다는 점에서는 적도 우리 편도 마찬가지라는 뜻도 담겨 있다.
 그러나 우리 편만 고달프다고 생각하면 모든 게 적보다 불리해진다. 대등한 관계에서 적 7푼, 우리 편 3푼으로 역전한다면 그 싸움은 이미 진 것이다.
 그러므로 아무리 고달파도 싸움에서 우는 소리를 하거나 손을 드는 것은 금물이다. 절대로 나약한 소리를 해서는 안 된다.
 기업의 경영도 마찬가지이다. 고달프다고 먼저 나약한 소리를 하는 쪽이 지는 것은 당연하다.
 기업의 강약은 설비나 생산 비용이나 점포의 구조 따위로 결정되는 게 아니다.

　기업의 강약을 좌우하는 것은 사람이다. 사람이 강하냐 약하냐에 달려 있다. 강한 사람이 많은 기업은 강하고, 약한 사람이 많은 기업은 약하다.

　그런데 사람이란 원래 약한 동물이다. 좋은 일이 계속되면 정신 없이 기뻐하고 나쁜 일이 일어나면 우울해 한다. 돈이 있으면 기분 좋고 돈이 떨어지면 우는 소리를 한다.

　사람들이 추어올리면 기분이 좋아지고 사람들로부터 소외되면 반성하기보다는 다른 사람을 미워한다.

　월급 봉투의 부피에 마음이 쏠리고, 직장일보다는 가정일에 신경을 더 쓰며, 힘든 일보다는 쉬운 일을 택하고, 실력 쌓을 생각은 하지 않고 실력에 상응하지 않는 지위나 명예만을 추구한다.

　여자에게 관대하고 시간 관념이 없으며, 볼품 있는 것은 좋아하지만 볼품 없는 것은 멀리한다. 더욱이 오늘날은 모든 것이 샐러리맨을 중심으로 한 시대이다. 그런데도 옛날처럼 끈기를 가지고 역경에 도전하는 기개 있는 샐러리맨은 적어졌다.

　이와 같은 샐러리맨 시대에 인간 본래의 약체성을 덧붙일 경우, 이것을 그냥 그대로 놔두고 기업이 강해질 수는 없다.

　중소기업 경영자는 하여튼 우는 소리를 잘 한다. 그 중에서도 그 우는 이유를 정치적 빈곤에 두는 경우가 많다. 모든 책임을 정치 탓으로 돌린다.

　지금은 민주주의 시대여서 한 시민으로서 그리고 개인으로서 정치를 감시하고 비판하는 것은 대단히 좋은 일이다. 그러나 적어도 경영자로서 타인의 생활을 맡고 있는 이상 그 성공과 실패에 대해서는 모든 책임을 져야 한다. 결코 그 책임을 타인에게 전가하는 따위의 행동을 해서는 안 된다.

그러기에 경영에는 '엄격성'이 있다. 이 엄격성을 자각하고 견디어 내는 사람만이 비지니스 세계에서 승자가 될 수 있다.

'자금 융통이 힘들어서…….'
'인건비가 비싸서…….'
'근로기준법이 까다로워서……. '
'세금이 많아서…….'
'은행이 이러쿵저러쿵……. '
'경쟁이 심해서…….'

여기저기에서 우는 소리가 들린다. 이런 경영자는 약한 경영자이다.

용장 밑에 약졸 없다. 경영자가 약했을 때 그 종업원들이 강해질 리 없다.

23
돈 쓰기와 빌리기

경영자는 벌이가 좋을 때 '돈 씀씀이'에 조심할 필요가 있다.

일반적으로 일본인은 돈 쓰는 데 서투르다. 번 돈을 유용하게 쓰지 않고 쓸데없는 곳에 낭비하거나 어리석게 써버리는 경우가 많다.

다비(일본식 버선)의 단추를 금으로 만들어 달거나 담배를 피우려는 기생에게 5엔짜리 지폐(그 당시)에 불을 붙여 피우게 했다는 어리석은 벼락부자가 있었는가 하면, 망나니 아들이 돈을 낭비함으로써 애써 벌어들인 재산을 날려버린 '지금의 부동산 가격 급등으로 생겨난 벼락부자와 똑같은' 경우가 경영자 가운데에서는 지금도 생겨나고 있다.

예를 들면 함부로 공장을 세운다, 인원을 늘인다, 호화판 후생시설을 만든다, 본사 건물을 화려하게 치장한다, 장래성이 좋지 못한 제품에 투자한다, 교제·접대비를 지나치게 쓴다, 지나친 PR 따위이다.

모두 어리석은 벼락부자형 경영 태도이다. 그 결과 기업은 자금이

바닥나고 도산의 구렁텅이로 빠지게 된다. 이렇게 된 다음 후회한다 해도 이미 때는 늦었다.
  그 전에 미리 머리를 쓰지 않으면 안 된다. 즉, 벌이가 잘 될 때 돈의 씀씀이에 신중을 기하지 않았기 때문이다.
  요컨대 기업이 잘 되느냐 못 되느냐의 여부는 버는 정도보다는 번 돈을 어떻게 쓰는가에 따라 결정된다.
  예를 들면 가와사키 제철이 오늘날과 같이 제철회사로 발전한 것은 한국 동란 당시의 수요 붐으로 벌어들인 돈을 지바 제철소에의 투자라는 형식으로 훌륭하게 썼기 때문이다.
  이와는 대조적으로 한국 동란이 끝난 뒤 마루야마 석유나 히노 해운이 기울어지거나 망한 것은 번 돈의 쓰임새가 서툴렀기 때문이다.
  이와 똑같은 이야기는 고도 성장 시대에 돈을 번 회사에도 해당되며, 그 당시 돈의 씀씀이가 좋았느냐 서툴렀느냐의 여부가 앞으로의 성장 후기 시대에 기업을 살리느냐 망하게 하느냐의 갈림길이 되는 것이다.
  대기업에서도 벌어들인 돈을 조금이라도 잘못 쓰면 장차 큰 차질을 빚게 되는데, 하물며 중소기업의 경영자는 더 말할 나위가 없다. 특히 경계해야 할 점은 중소기업 경영자는 조금만 벌어도 개인적으로 돈을 쓰는 일이 많다.
  그런데 경영이라는 관점에서 볼 때 집을 사는 데 돈을 끌어다 쓰는 것은 망하는 일에 돈을 쓰는 것이나 마찬가지이다. 한 푼 도움도 되지 않는다.
  하기야 은행에서 융자를 받는 데 담보로 이용할 수는 있을 것이다.

그러나 가령 3천만 엔짜리 집이라면 담보 가치는 3분의 1이 고작이다. 겨우 1천만 엔의 돈을 융자받기 위해 3천만 엔짜리 집을 짓는다는 것은 엉뚱한 이야기가 되지 않을 수 없다.

중소기업의 경영자가 분에 넘치는 집을 짓기 시작했다면 그 회사는 이미 끝장났다고 생각해도 좋다.

기업이 조금 커지더라도 아파트나 전세집에서 살 정도의 끈기가 없으면 어엿한 기업으로 발전할 수 없다.

불황이 닥쳐오면 빌린 돈을 갚을 수 없다고 자살하거나 온 가족이 걱정을 하는 경영자가 무척 많다.

불황이 아니었더라면 그런 일이 없었을 텐데 하고 불쌍히 여기게 되는데, 곰곰 생각해 보면 원인이 꼭 불황에만 있는 것은 아니다. 그것은 본인들이 평소 돈을 빌리는 데 조심성이 없었기 때문이다.

일본의 기업은 크든 작든간에 비정상적인 차금 경영이 대부분이다. 대기업인 경우 사원한 사람당 평균 1천만 원의 차입금을 지니고 있으며, 상사나 건설업의 경우에는 사원 한 사람 당 차입금 부담액이 1억 원 이상이나 된다고 한다.

대기업의 자기 자본 비율은 평균 17퍼센트로 지극히 불량하다. 이런 점에서 본다면 주식회사가 아니라 완전한 차금회사이다.

대기업이 이런 형편이니 차금 경영의 구렁텅이에 빠진 중소기업이 미약한 불황에도 큰 타격을 받는 것은 오히려 당연한 일이다.

물론 굳은 마음으로 그 자금을 유용하게 사용할 동안에는 차금 경영이라고 해서 나쁠 것은 없다. 그러나 일반적으로 차금 경영의 버릇이 몸에 배어 차입금 반환에 차질이 생기거나 차입금을 낭비하는 경우가 의외로 많다. 이로 인하여 불황기에는 생명까지도 버리게 되고.

이런 경우도 있다. 가령 돈을 조심성 없이 무작정 끌어들였다가는 반환할 때가 되어서야 비로소 반환 계획을 세운다. 결론적으로 말하면 이러한 계획은 절대로 지켜지지 않는다. 그 결과 막다른 골목에 이르러 자살하거나 강도짓을 하게 된다.

차입금이라는 것은 처음부터 충분히 계획을 세워야 한다. 그렇게 하면 새삼스럽게 당황하여 반환 계획을 세우지 않더라도 자연히 반환할 수 있는 것이다.

그리고 중소기업인 경우에는 중소기업 담당 관청이나 그밖의 특별 융자기관이 있으므로 이것을 활용하는 것도 좋은 방법인데, 어음 거래나 그밖의 신용 등이 불충분한 경우가 많으므로 오히려 시중 은행과 거래 관계를 가지려 한다. 그러나 이것 역시 생각해 볼 문제이다.

시중 은행과 거래를 하려면 아무래도 차입액이나 담보 보증, 그리고 업적 제시등으로 무리한 행동을 취하지 않으면 안 되는 때가 많다.

또한 차금 경영에서 무시할 수 없는 것은 상대에게서 받을 어음이다. 이 받을 어음을 될 수 있는 대로 줄이고 현금으로 지불하도록 거래처에 강력히 요구할 필요가 있다.

하청 기업 등에 대해서는 곤란한 문제이지만 방법에 따라서는 결코 곤란할 것도 없다. 중소기업에서도 요즈음은 '캐시 온 델리버그(현금거래:cash on deliverg)주의'로 나가고 있는 추세이기 때문이다. 요컨대 어음이 당연하다는 식의 어음 거래 버릇을 없애자는 것이다.

일본에서는 5, 10, 15, 20, 25, 30일에는 거리가 자동차로 혼잡을 이룬다. 외국에서는 볼 수 없는 현상이다. 외국에서는 어음 지불 따위가 없기 때문이다. 수표, 현금 지불이기 때문에 수금일에 거리를 자동차로 우왕좌왕할 필요가 없다.

일본은 어음이 거래되기 때문에 사정이 다르다. 집금(어음 수집)이라 하여 일일이 뛰어다니지 않으면 안 된다. 그것을 또 할인하여 현금으로 만들기 위해 정신 없이 뛰어다녀야 한다.

만일 그날 대규모 데모나 동맹 파업이 일어나 부분적으로 교통 두절이라도 생긴다면 어떻게 될 것인가?

당장 도산하는 기업이 여기저기에서 생길 것이다. 참으로 소름이 오싹 끼치는 일이다.

이렇듯 위험한 다리를 건너가고 있는 것이 일본의 기업이다. 이것은 차금 경영이 아니라 지옥이다. 그것을 당연한 것으로 생각하고 있는 동안은 기업이 발전하기를 기대할 수 없다.

차금 경영, 어음 거래를 전적으로 없애지는 못하더라도 지옥 같은 상태를 조금씩 개선해 나갈 수는 있다. 그러기 위해서는 돈을 빌리는 버릇, 어음 거래의 버릇을 없애야만 한다.

내 돈이 아니라 하여 여기저기에서 무조건 빌리려 하지 말고, 또한 어쩔 수 없이 빌려야 될 경우에는 우선 사용 방법부터 차분히 설계해야 한다.

24
다른 업계의 경험을 이용한다

중소기업의 경영자는 자칫하면 자기 울타리 안에 틀어박혀 있기가 일쑤이다. 그렇기 때문에 지식도 경험도 정보도 '울타리 안'에 국한되어 있다. 따라서 시야나 식견도 좁아진다.

자기 자신도 강해지고 기업도 크게 강화시키려면 무엇보다 먼저 이 울타리 안에서 뛰쳐나와 광범위하게 사물을 살펴보는 습관을 가져야 한다. 특히 자신이 몸 담고 있는 업종 이외의 다른 업종, 다른 기업의 경험을 타산지석으로 삼아 자신의 능력을 키워 나가야 한다. 즉, 케이스 스터디이다.

케이스 스터디는 사례 연구 따위로 생각하기 쉬운데 이것은 잘못된 해석이다. 정확히 이것은 자기의 경험이 미치지 않는 분야에서 무엇인가를 배우기 위한 연습을 의미한다.

예를 들어 식품 분야의 경영자가 갑자기 섬유가공 분야의 경영자가 되었다면 도대체 어떻게 해야 할 것인가를 생각한다.
 이러한 문제의식을 가지고 섬유 가공 분야의 실태를 조사한다. 그리고 이 가운데에서 문제점이나 교훈을 찾아낸다.
 '나는 빵장사이기 때문에 속옷 장사의 사정 따위는 모르고 또 몰라도 돼.'
 이런 태도를 취하는 사람은 참된 경영자가 아니다.
 아무리 이질적인 기업이라도 기업인 이상 거기에는 빵장사에게도 속옷 장사에게도 공통되는 요소가 있을 것이다.
 우선 그 공통되는 요소를 찾아내고, 그 다음에는 이질적인 요소에 메스를 가한다. 이렇게 하면 이질적이라 생각되었던 요소 중에서도 공통되는 요소를 발견하는 케이스가 몇 가지 생긴다.
 이와 같이 아직 경험하지 못한 기업을 자기의 경험이나 지식을 바탕으로 하여 철저히 관찰하고 분석한다. 이것이 케이스 스터디이다.
 기회 있을 때마다 이러한 케이스 스터디를 실시하는 경영자는 언젠가는 훌륭한 경영자가 된다. 그리하여 사소한 일에 놀라는 일도 없어지고 새로운 사업을 시작하더라도 그 성공률을 높일 수 있다.
 또한 케이스 스터디 등에 별도로 행동하지 않더라도 항상 눈이나 귀를 크게 열고 있으면 다른 업종이나 기업에 대한 뉴스가 끊임없이 흘러 들어오게 된다.
 이것을 자기와는 관계없는 것이라고 무심코 넘겨버리지 말고 자기의 경우로 생각하여 분석하는 습관을 키워야 한다. 물론 경영자가 성공하려면 책을 읽지 않으면 안 되지만, 중소기업의 경영자는 할 일이 너무 많기 때문에 지나치게 많은 책을 읽으라고 권할 수도 없다.

하지만 업무를 수행하는 도중에 보거나 들은 것만이라도 그냥 넘겨 버리지 말고 그때마다 왜 그런가, 어떻게 된 것인가, 어떻게 될 것인가 곰곰 생각해 보는 습관이 몸에 배도록 해야 한다. 그러는 쪽이 책을 백 권 읽는 것보다 더 훌륭한 수업이 된다.

25
억세고 아름다운 상인 근성

 구실은 필요 없다. 상인에게 필요한 것은 모험심과, 위험을 두려워하지 않는 용기이다.
 고대 지중해의 해상 무역을 한손에 쥐었던 페니키아 상인에게는 용기가 있었다.
 그들은 바다를 두려워하지 않았다. 항해 기술에도 자신이 있었다. 그래서 지중해 동쪽 페니키아의 여러 도시는 '바다 속에 가득 찬 많은 재화와 상품으로 지상(地上)의 왕들을 풍족하게 만들었다'고 한다.
 시든 항구를 본거지로 용감하게 국제 무역에 도전한 페니키아인은 멀리 북아프리카, 스페인, 더 나아가서 영국과 북해에까지 진출했다고 한다.
 때로는 태연히 해적 노릇까지 하는 페니키아인의 용감성, 모험심, 용기, 상혼(商魂)은 상인 근성의 좋은 본보기로서 배울 점이 많다.

페니키아인의 꺾이지 않는 상인 근성. 선악은 별도로 치더라도 그 놀랄 만한 파이팅(동시에 자기의 힘을 지나치게 믿어 나쁜 일까지 서슴지 않은 페니키아 상인이 받은 말로의 업보도 상도의의 입장에서 관찰해 보아야 한다).

'상인들은 항상 죽음과 재액에 직면하며 항해를 계속했다 ……. 어찌하여 그처럼 위험을 무릅쓰면서까지 상품을 운반한 것일까. 그것은 일단 목적지에 도착하면 큰 벌이가 그들을 기다리고 있었기 때문이었다.'

구실은 필요 없다.

상인에게 필요한 것은 용기와 모험심이다. 편안하게 앉아서 무슨 돈을 벌겠다고 하는가.

존 호킨스(1532~1595, 영국의 제독)는 전쟁과 무역과 해적은 삼위일체라고 주장하면서 16세기의 상혼을 실행에 옮겼다. 즉, 흑인을 유괴해 팔아 큰 돈을 벌었다.

단 한 번의 항해로 프리머드 제일의 부자가 되고, 두 번째 항해로 영국 제일의 부자가 되었다.

이 무렵 드레이크(1545~1596, 영국의 항해가)는 사사로이 나포선(拿捕船)을 이끌고 서인도 제도를 어지럽히면서 큰 벌이를 했다. 출자자에게는 수십 배의 이익을 안겨 주었다고 하는데, 엘리자베스 여왕(1533~1603)도 몰래 투자했다는 소문이 있었다.

16세기의 리옹은 파리에 버금가는 프랑스의 문화 도시였다. 이태리로 통하는 길목에 위치하여 일찍부터 르네상스의 빛을 받았고 상업도 왕성했다.

상업이 융성하면 자유롭고 진취적인 기풍도 싹튼다. 종교나 사상 문제로 쫓기는 사람도 자유로운 상인 사회에는 받아들여지므로 그 세계는 자유 천지이다. 거기서 끄떡도 하지 않는 상인 근성을 발견하게 된다.

누구에게도 의지하지 않고 지배되지도 않는, 스스로 개척해 나가는 상인 근성. 여기에 깃들인 자유를 간과해서는 안 된다.

프랑스 르네상스 역사에 나타나는 신교도 카스테리옹의 투지는 곧 용감한 르네상스의 상인상이었다.

1907년 마샬 필드는 시카고에 거대한 상점을 세웠다. 세계 최대의 소매점이었다. 지하에 할인 상품을 진열한 최초의 상점이기도 했다.

그는 통근 마차를 버리고 매일 아침 상당한 거리를 걸으면서 주위를 관찰했다.

아침 일찍 상점을 돌아보면 점원과 대화할 기회도 생기기 때문에 재능 있는 인물을 등용할 수도 있었다. 이리하여 후일의 셀프리지 사장을 발굴했다.

백화점에 식당을 차려 성공한 것도 마샬 필드였다.

21층짜리 '남자 전문점' 빌딩을 세운 필드 회사. 1914년의 아이디어였다.

상인은 도성(都城) 1천 리 안에서는 마차를 타선 안 되고 금은 비단을 패용해서도 안 된다고 제약받았던 4세기 말의 중국 상인. 그토록 압박을 받고 학대 받아도 상인 근성은 끝내 무너지지 않았다.

중국 학자들이 인도로 유학갈 때나 인도에서 불교 문화를 받아 중국에 전파할 때도 파미르 고원을 왕래하던 상인이 도움을 주었기에 가능했다.

인도로 유학을 가던 도중 사천성에서 붙들려 양치기가 된 혜혜란 학자를 발견하고 이를 돈으로 사서 끝내 인도에 유학시킨 것도 중국의 상인이었다.

학대 받고 고통 받더라도 상인의 근성은 절대 굴복하지 않는다. 그리고 앞서 얘기한 것과 같은 선행도 서슴없이 한다. 그 근성은 억세고 또 아름답다.

26
용기 있는 장사꾼

　일본인은 원기와 용기를 곧잘 혼동한다.
　원기가 있다는 말은 신체의 건강 상태나 주위 분위기에 따라 기력이 왕성한 것을 말한다. 그러나 용기는 신체의 건강 상태나 주위 분위기에 좌우되지 않고도 저절로 일어나는 기력이다.
　원기는 집단과 관계가 있다. 즉, 친구가 많이 모여 있을 경우에는 원기가 왕성하지만 없으면 우울해진다.
　용기는 집단과 반비례한다. 즉, 친구가 없더라도 기력을 잃지 않는다.
　일본인에게는 옛날부터 가족이나 그밖의 집단주의가 강하다. 화(和)를 숭상하는 사상이 바탕에 깔려 있다. 그 이면에는 집단주의가 능률적이라는 일본인 특유의 사이클로이드 형 성격에서 오는 기이한 능률관이 있다고 하는데, 이뿐 아니라 원래 일본인에게는 원기주의적인 면이 있는 것도 사실이다. 즉, 일본인은 집단화되어 있으면 그만큼 각자가 원기 왕성해진다.

집단주의가 능률적이라는 것은 한 사람 한 사람의 원기가 다소간의 비능률을 커버하기 때문이다.

이러한 집단주의적인 원기가 일본인의 활력소로 되어 있기 때문에 오히려 기업의 합리화가 진전되지 않는다.

가령 사람 줄이는 것은 싫어하고 오히려 늘리기를 좋아한다. 사장도 사원이 많으면 기분이 좋으며 자기 스스로가 훌륭한 사람이라고 생각한다. 부장이나 과장도 필요 이상으로 부하를 거느리고 싶어한다.

부하를 줄이라고 하면 대뜸 기분이 나빠진다. 세일즈맨도 혼자 다니는 경우가 적다. 대개는 2인조, 3인조이다.

또한 그런 사고방식은 사장의 행동까지 이상하게 만든다. 일본의 사장 중에는 공장이나 사무실 등 현장을 어슬렁어슬렁 돌아다니기를 좋아하는 사람이 많다. 사장실에 틀어박혀 있으면 혼자 있기 때문에 심심하다. 그리고 공연히 불안해서 현장으로 나온다.

그렇기에 사장이 해야 할 중요한 업무를 할 수 없게 된다. 즉, 사고방식이 현장주의적으로 변하므로 대국적인 판단을 할 수 없다. 현장 책임자도 육성되지 않는다.

요컨대 원기주의에는 여러 가지 좋은 점이 있지만 그 이상으로 나쁜 점도 많다.

앞으로 이러한 원기형의 경영자는 이 사회에서 점점 도태될 뿐이다. 그 대신 용기 있는 경영자가 살아 남는다.

고독에 굴하지 않을 뿐더러 친구에게 의존하지 않고도 어려운 일을 자기 혼자 떠맡는다는 끈질긴 정신.

"지휘관은 고독을 이겨낼 수 있는 용기를 가지지 않으면 안 된다."

처칠은 이렇게 말했다.

경영자도 역시 마찬가지이다.

사장이 영업을 위해 혼자 회사 밖으로 뛰어다닐 경우, 여기에는 용기가 필요하다. 이에 비하여 자기 회사 공장을 돌아다니는 데는 용기가 필요 없다.

이왕 움직일 바에는 원기형이 아니라 용기형으로 움직여야 한다.

공장을 기웃거릴 시간이 있으면 상품 판매를 위해 회사 밖으로 뛰쳐나가라.

3

오사카 상인의 뛰어난 돈벌이 지혜

27
매상만 올려서는 안 된다

유태인 상술을 깊이 연구한 라빈 토케이야는 상인이 해서는 안 될 세 가지를 다음과 같이 말하고 있다.
① 과대 선전을 해선 안 된다.
② 값을 올리기 위해 사재기를 해선 안 된다.
③ 계량기를 속여서는 안 된다.
그런데 이 세 가지를 모두 범하고 있는 것이 오늘날의 우리 악덕 상인들이다.
해서는 안 될 것을 현실적으로 하고 있으니 앞으로 망할 것은 분명하다. 망한 경우를 많이 보았기 때문에 5천 년의 역사를 가진 유태 상인의 견지에서는 용서할 수 없는 일이기도 하다.
일본의 상업 역사는 2천 년밖에 되지 않는다. 미국은 겨우 2백년이다. 경험으로 본다면 비교도 되지 않는다. 그런 점에서 유태의 상업은 역사가 오래이고 교훈에도 함축성이 깊다. 또 인도, 중국, 지중해 연안의 상인도 역사가 오래므로 우리에게 교훈이 될 만한 것이 많다.

중국에서는 상품 값이 오르기를 바라고 저장해 두는 것을 '둔적(屯積)'이라 한다.

'상품을 팔 때 소문도 동시에 판다는 사실을 잊어서는 안 된다. 만일 상품이 나쁘면 소문도 당장 나빠진다. 모든 판매는 동시에 일어나므로 일종의 광고이기도 하다. 때문에 눈앞의 부당한 이익에 눈이 멀면 가게가 곧 쇠퇴한다.'

눈앞의 이익만 추구하는 것은 고객을 속이는 일이 된다. 그것이 가장 나쁘다고 중국의 둔적은 가르치고 있다.

이윤만을 취하려고 불법적인 행위를 하면 일시적으로 이익은 얻을 수 있다. 그러나 결국은 사람의 주목을 받게 되고 끝내 야반 도주로 타향에서 유민이 되는 상인도 있다.

가쓰라 다카시게는 스즈키 시게타네(1812~1863. 에도시대 후기의 국학자)의 제자이다. 그의 저서에는 부당한 이익을 버리고 정당한 상업에 정진하라는 말을 하면서 위와 같은 훈계를 내리고 있었다.

흔히 장사꾼은 팔기만 하면 된다고 생각하기 쉽다. 하지만 단순히 매상에만 신경을 쓰고 그보다 더 중요한 다른 일을 소홀히 하는 상인은 몰락하게 마련이다.

도쿠가와 시대의 오쿠로 야큐자에몬이 그 대표적 인물이다.

원래 이 상인은 에도의 혼마치 1가에 옷가게를 열어 크게 성공했다. 7백 관 내지 8백 관정도 되는 자산을 모았다. 1관이 오늘날의 약 50만

엔에 해당되므로 엄청난 돈이다.

그런데 3대째의 치카자에몬을 비롯하여 그 동생 죠에몬, 백부 로쿠로에몬 등이 모여 그 상점을 경영하게 되면서부터 소위 '분별 없는 장사'를 하여 상점은 순식간에 망하고 말았다.

비록 많은 재산이지만 여러 사람들이 각기 자본을 뜯어 마구잡이 장사를 했던 것이다. 교토에서는 끝내 외상으로까지 물건을 구입했으며 에도에서의 판매도 지지부진했다. 결국 5천 내지 6천 관의 빚을 지고 문을 닫았다. 그 결과 주인은 감옥에 갇히는 신세로 전락했고 다른 사람들은 행방불명되었다.

여기서 얻을 수 있는 교훈은 매상고에만 신경을 써서는 안 된다는 것이다.

메이지 시대의 '실업훈'은 '선례(先例)는 흔히 실패의 원인이 된다'고 가르친다. 매상이 오른 선례가 사실이라면 그것은 그에 상당하는 원인이 있었기 때문이다.

따라서 매상만 무조건 올려서는 안 된다.

28
지독한 상인의 기막힌 논리

　부부가 맞벌이하는 식으로 처음엔 구멍가게를 시작하더니, 2년째에는 번화가에 큼직한 전당포를 차린 사람이 있었다.
　재산이 불어날수록 살림살이는 오히려 옹색해 보였기 때문에 다른 사람들은 그를 가리켜, 절약하는 정도가 지나쳐 인색한 노랭이라고 비웃었다.
　그런데 하나밖에 없는 아들은 부모를 닮지 않아서인지 살갗이 희고 몸도 가냘픈 편이었다. 또한 아버지는 그 아들이 나이에 비해 너무 자비심이 깊은 것을 못마땅히 여겨 은근히 눈쌀마저 찌푸리고 있었다.
　어느 날, 그 아들이 유모와 함께 가게 앞에 나와 놀고 있을 때 어떤 사람이 원숭이를 데리고 와서 한바탕 춤을 추었다. 아들은 손에 들고 있던 고급 과자를 그 원숭이에게 주었다. 주위에 있던 사람들은 그것을 보자 참으로 큰 인물이 되겠다고 감탄했지만, 부친은 그 반대였다.

이런 아들한테는 장래가 걱정된다고 하여 가혹한 조치를 취했다.

부친은 히도스케라는 건넛 마을 전당포 주인을 불렀다. 친하게 지낸 사이는 아니지만 그 사람에게 아들을 맡아 길러 달라고 부탁했다.

'돈이 고마운 줄을 조금은 깨닫게 하고 싶은데, 당신 집에서 견습생으로 2, 3년쯤 써 주지 않겠소.'

비록 노랭이라 비웃음받는 처지지만 이 말에는 상당히 깊은 뜻이 있었다.

부친은 그 이유를 이렇게 얘기했다.

"좀 들어 보십시오. 어디까지를 사치라고 하는지는 알 수 없습니다. 경우에 따라 동백나무 한 그루를 10엔(메이지 시대의 10엔은 지금의 2만 엔)에 사든지, 귤 10개를 1백 엔에 사든지 반드시 사치라고는 말할 수 없습니다.

그러나 우리와 같이 낮은 신분인 주제에 귀족 자제분들이나 드실 정도의 고급 과자를, 설령 남에게서 얻은 것이라 할지라도, 그리고 평소에 흔히 먹는 과자라고 할지라도 그것을 아무 거리낌없이 원숭이에게 주다니, 어디 그럴 수가 있습니까?

상인이 장사의 도를 터득하기 위해 죽는다면 그거야말로 무사가 싸움터에서 죽는 것과 다름없는 일일 겁니다.

어차피 상인일 바에는 자신의 영화나 자손을 위해 이익을 다투지 않고 목숨이 붙어 있는 동안은 한 푼이라도 더 많이 벌기 위해, 한 치라도 더 가게를 늘리려고 애를 쓰는 것이 그 본분입니다.

생각건대 저는 먼 곳에서 빈 손으로 이곳에 와서 날품팔이로 조금씩 모은 돈으로 전당포를 냈습니다. 지금 아내와 함께 잠시도 쉬는 일

없이 밤에는 우동 장사를 하느라고 밀가루를 허옇게 뒤집어쓰고 있습니다.

그저 정직을 간판 삼고 노력한 보람이 있어서 해마다 조금씩 벌어 모았기 때문에 겨우 이 정도나마 되었죠. 아직 남쪽 창 쪽으로 베개를 베고 낮잠 한숨 제대로 자 본 적이 한번도 없습니다.

즐기고 싶은 것은 인지상정이거니와 그것을 참는 것도 사람의 도리라고 생각합니다. 한 사람이 게으르면 온 집안이 게을러지게 마련 아닙니까?

이대로 저의 아들이 하는 행동을 그대로 버려 두면 그 자신은 말할 것도 없고 고용인들에게도 곧 전파되겠기에, 송구스럽지만 잠시 댁에 맡기려고 합니다."

상인은 누구나 어릴 적부터 점원 노릇을 하면서 자라지 않으면 상인 정신이 뛰어나지 못한다고 오사카 상인들은 굳게 믿고 있었다.

그래서 아무리 재산 많고 또한 많은 고용인을 거느린 상인의 자제일지라도 당시에는 반드시 한번은 다른 상인에게 보내어 소년 점원으로 남의 상점 일을 시킨 예가 많았다.

요즈음의 어버이들처럼 자식을 너무 사랑하여 제대로 버릇을 들여 놓지 못하는 경우와는 사뭇 다르지만.

'달리는 말에도 채찍'이 필요하다고 주의시켜 보았자 깨닫지 못한다.

신분에 어울리지 않게 사치하고, 자기 자식에게 유우게이(취미로 즐기는 예능)를 가르치면서 그것도 1년 내내 연습으로 세월을 헛되이 보낸다.

'댁의 자제분 연주를 유치원에서 들었는데 참으로 훌륭해서 감탄했습니다.'

이런 입에 발린 말을 듣고 기뻐하는 요즘의 어버이들.

그런 사람의 자식은 세상 물정을 도무지 모르기 때문에, 어버이가 오랫동안에 걸쳐 겨우겨우 모은 재산을 순식간에 도둑맞기라도 한 것처럼 다 없애버린다.

사마온공(1018~1086. 중국 북송 시대의 정치가)도, 자식을 그저 아무렇게나 기르기만 하고 제대로 가르치지 않는 것은 모두가 부모의 잘못이라고 얘기하고 있다.

어버이의 행동이 지나친 예도 있다.

에도에서 견직물 장사로 10년도 되지 않아 큰 재산을 모았던 타로베. 하나밖에 없는 아들에게는 절대 예능 쪽에는 눈 돌리지 않고 아주 어릴 적부터 주판 퉁기는 일만을 가르쳤으므로 그야말로 '고지식한 사람'으로 지금까지 그 이름이 오르내린다.

의리를 모르는 것은 말할 것도 없고 남과 교제하는 것조차 싫어했다. 아침부터 밤 늦게까지 오직 '절약, 절약'밖에 몰랐다.

어쩌다 고용인이, 가난한 부모에게 보내 드리기 위해 40몸메(옛돈의 단위)를 가불해 달라고 하자 다음 달 급료를 모두 가불해 주는 대신 40몸매를 뺀 나머지 금액을 높은 이자로 계산해도 좋다는 조건을 붙였다고 한다.

그러자 타로베의 늙은 부친이 손을 내저었다.

"너는 돈의 노예야. 내 자식이 아니다. 이런 식이어서는 앞으로 장사를 제대로 해나갈 리 없다. 너하고는 오늘로 의절한다."

오사카 상인은 돈을 벌 뿐 돈의 노예는 아니다.

29
장사꾼은 인색해야 돈을 번다

인플레 때문에 세상이 안정되지 못하게 되었다. 물건값이 비싸고 물건도 없다. 생활이 제대로 안 된다. 원료·재료가 손에 들어오지 않는다.

그런 가운데서도 크게 돈을 번 사람들이 있었다. 그들은 바로 '사치품 생산자'와 '사치품을 취급하는 상인'이었다.

1715년 루이 14세(1638~1715. 프랑스 왕. 부르봉 절대 왕조의 최성기를 이룩함)가 죽은 뒤 루이 15세(1710~1775)가 나이 어렸기 때문에 그 섭정(攝政) 오를레앙 공(1674~1723)의 치세에 있었던 인플레이션 시대의 이야기이다.

가난뱅이나 서민은 인플레 속에서도 꼭 필요한 필수품을 사지 못하면 살아 나가지 못한다. 식료품도 옷가지도, 주거비도 학자금도 모두가 꼭 필요한 것들이다.

그런 것들이 무시무시하게 뛰어오르면 생활 수준을 낮추지 않고서는 살아갈 수 없다.

그런데 인플레 시기에도 벼락부자의 돈지갑 속에는 부정하게 번 돈이 가득하다.

가만히 가지고 있다가는 돈의 가치가 줄어드는 것이 인플레이션이다.

뭔가를 사야 한다고 할 때에는 사치품에 손이 간다. 생활 필수품은 비싸든 싸든 돈이 있으면 구입할 수 있다. 그렇다고 함부로 매점하면 서민한테 원한을 산다.

그러나 사치품은 아무리 비싸게 사더라도 누구 한 사람 불평하지 않는다. 그리하여 사치품에 차차 손을 대게 된다.

오를레앙 공 치세 때 인플레 속에서 희생된 사람은 서민과 귀족이었다. 서민들은 가진 게 없어서 그렇다 하더라도 귀족은 왜 그랬을까. 그들은 그때까지 매일 화려한 사교 생활에 정신을 빼앗기고 있었으므로 노는 것밖에 몰랐다.

인플레라고 해도 생각을 바로잡아 자기 자신을 다스릴 수 있을 능력도 이미 잃어버리고 있었기 때문에, 급변하는 세파에 견디지 못하고 그 거친 파도에 삼켜져 버렸다. 그리하여 귀족도 인플레의 희생자가 되었다.

오를레앙 공도 처음부터 인플레 정책을 채용해서 귀족이나 서민을 괴롭히려 한 것은 결코 아니었다.

루이 14세에 대한 평판이 너무도 나빴기 때문에 그는 민심을 수습하지 않으면 안 되었다. 그러기 위해서는 루이 14세가 거들떠보지도 않았던 귀족의 권리를 회복시키고 그들을 정치에 참여시키는 등, 요컨대 귀족을 자기 편으로 끌어들이려 한 것이다.

그러나 참으로 유감스럽게도, 일단 노는 데에만 정신이 팔려버린 귀족들은 정치를 담당할 능력을 완전히 잃어버리고 있었다.

그야말로 무서운 일이었다.

본디 귀족은 당연스레 정치에 참여해 왔었다. 그럼에도 불구하고 오랫동안 노는 데에만 길들고 사치스러운 생활에 깊게 빠져 버리고 만 것이다.

그들은 그렇게 아무 짝에도 쓸모 없게 되었다.

'멋있는 생활'에 길들여져 노는 것밖에 모르던 귀족은 모처럼 오를레앙 공이 펼친 귀족 참여 정치에도 불구하고 그들 스스로 나락으로 떨어졌다.

오를레앙 공도 인플레가 얼마나 무서운지 그때까지도 완전히 모르고 있었다.

어떻든 그는 섭정이 된 이상 무엇이든 인기를 만회할 정책을 세우고 싶어했다.

귀족을 이반시키지 않기 위해 정치에 다시 그들을 끌어들이려 했을 때 정치에 틈이 보였다. 그 틈을 이용한 사람이 훗날까지 악명으로 이름 높은 존 로(1671~1729. 영국의 은행가)였으며 그로 인해 결정적인 인플레 금융 정책이 실시되었다.

원래 그는 출생지인 영국에서 악행을 저질렀으므로 배겨나지 못하고 프랑스로 도망쳐 나왔는데, 그가 프랑스 금융계에서 활개를 쳤으니 정말 기막힌 일이었다.

자신의 이익만이 최우선인 존 로의 인플레 정책에 프랑스가 말려들었다.

 상인은 이익이 없으면 명예 따위는 구하지 않는다.
 로스차일드가에 '폰'(귀족의 가명 앞에 붙어 '……公'으로 부르게 됨)이라는 칭호가 붙게 되었다. 폰을 얻기 위해 로스차일드가 상류 사회에 들어간 것은 당시 그 사회가 중요한 마켓이었기 때문이다.
 상인은 무엇을 하든 인색하다. 바로 그러니까 상인이다.
 로스차일드가의 네이덴(1808~1879)은 엄청난 부자였으나 인색했다. 그런데 그 네이덴의 아들 마이어(1840~1915)는 돈의 고마움을 몰랐기 때문에 때때로 형편없이 돈을 썼다.
 한번은 네이덴이 구두닦이에게 1페니의 팁을 주었는데, 그 구두닦이가 말했다.
 "당신 아드님은 언제나 1실링 주십니다."
 네이덴은 이렇게 대답했다.
 "그 녀석에게는 백만장자 아버지가 있기 때문일세. 그러나 나한테는 그런 아버지가 없다네."

30
놀자, 그리고 장사에 이용하자

1손 4덕(一損四德)이라는 말이 있다. 1손은 금전상의 손실을 말한다. 손은 지출만 있고 이윤이 없는 비용이다. 그 1손이 있더라도 4덕, 즉 네 가지 플러스가 있으면 1손이 아깝지 않게 된다.

4의 플러스란 다시 말하여 상인으로서의 마음가짐 4개조를 일컫는다. 시간이 아깝더라도 이 4덕만큼은 이익을 준다고 생각하여 몸에 익혔으면 한다.

① 남의 신용 상태를 알아낸다

남의 신용 상태를 알아 두는 것은 상인으로서의 필수적인 요건이다. 다시 말해서 상인의 마음가짐이다.

거래처의 신용 조사는 절대 필요하다. 외상과 대금 한도를 생각하여, 회수 불능이 되지 않도록 상대방의 신용 상태에 항상 신경을 쓰지 않으면 안 된다.

　오사카의 상인인 마쓰모토는 어느 고객에게 주의를 기울이고 있었다. 이미 오랫동안 거래를 하고 잇었지만 어딘지 모르게 미심쩍은 데가 있었다. 그래서 그 고객이 자주 놀러 가는 술집에 가서 자신도 술을 마시면서 넌지시 그 고객의 술자리 태도를 알아 보았다.

　예상했던 대로였다. 걱정했던 그대로였다. 자주 놀러 오기는 하지만 호주머니 사정은 그리 풍족하지 못한지 자꾸 외상값만 늘어난다고 그 술집의 지배인은 이맛살을 찌푸리며 말했다. 마쓰모토의 짐작이 어긋나지 않은 것이다.

　마쓰모토의 뒷처리는 그야말로 멋있었다. 우선 빌려 준 돈을 재빨리 회수했다. 회수했을 뿐 아니라, 이 편에서 오히려 빚을 질 정도의 거래로 변경시켰다.

　그리고 몇 개월 지나지 않아 상대방은 파산이나 다름없는 상태가 되었다. 그 당시는 파산에 직면했을 경우 빚을 갚는다 해도 40% 정도면 되고, 외상값도 대개 60% 가량 갚으면 그만이었다.

　마쓰모토는 일찍부터 거래 방침을 바꾸어 대책을 강구해 두었으므로 외상값도 전혀 없다시피 했다. 요컨대 피해를 입지 않은 것이다.

　장사꾼의 직관으로 거래처의 재무 상태를 재빨리 알아내어 대책을 세워 놓은 덕분이었다.

② 사람 다루는 방법이 능숙하다

　많은 사람과 접촉하여 그들의 장단점을 알게 되면 자기 반성도 된다.

상품이 좋고 값싼 것만이 능사는 아니다. 결국은 파는 사람의 '인간미'가 문제된다. 상냥한 가게, 친절한 가게에 손님이 모이기 마련이다.

부부가 새로 차린 식료품 상점은 부인이 실제적인 장사꾼이었다. 남편은 정직하기는 했으나 무뚝뚝했다. 가게 앞을 지나가도 '안녕하십니까' 하는 인사조차 없다. 물건을 팔아 주면 할 수 없이 '고맙습니다' 하고 인사하지만 성의가 담겨 있지 않다. 그렇지만 부지런하다. 아침 일찍 문을 열고 밤 늦게 닫은 뒤에도 빈 병 정리나 물건 배달 등 분주하게 일을 마무리한다.

그에 비해 부인은 문자 그대로 장사꾼이다. 사람의 얼굴을 익히고 손님의 기호를 알아 아무리 작은 물건을 사도 손님이 만족하도록 친절을 베푼다. 그래서 장사는 계속 번성한다.

이 무뚝뚝한 주인을 옛날로 말한다면, 한번 실컷 놀게 하여 사람 대하는 법을 알게 했으면 좋겠다는 생각이 들기도 한다.

'많은 사람과 접촉하여 경험을 쌓음으로써 마음이 원만 활달해지고 사람을 잘 다루게 될 것.'

이것이 상인이 가져야 할 마음가짐의 하나이다.

③ 술자리에서의 매너

술 한 모금 마시지 못하는 사람이라도 좋다. 그러나 술자리에 나가 '나는 술을 마시지 못하므로 안주만……' 이란 김 빠지는 말을 하면 분위기는 그만 가라앉고 만다.

술자리는 술잔을 주고받으며 친목을 다지는 자리이다. 마시지 못하더라도 즐겁게 어울리도록 노력하지 않으면 안 된다.

옛날에는 그런 사람들끼리 따로 모여 노는 수업을 하게 했다고 한다. 잘났건 못났건 그런 것에 관계없이, 그런 자리에서는 모두를 즐겁게 만들 수 있도록 수련을 쌓아야 한다는 마음가짐이 중요하다.

④ 초대할 때의 매너

가끔 고객을 초대해서 자리를 함께 하면 거래가 원활하게 이루어지는 경우가 있다.

옛날에는 다이묘와의 거래가 컸기 때문에 이곳이 가장 중요한 거래처였다. 그 다이묘 저택에 찾아오는 납품업자나 회계 담당자는 번갈아 술자리를 마련하고 격의 없는 친분을 맺었다고 한다. 이것이 거래에 큰 도움이 되었던 것은 사실이고.

현대에 있어서도 마찬가지가 아닐까. 고객, 특히 큰 거래처의 구매부장이나 영업부장 등과 평소 접촉해 두는 세심한 주의가 필요하다. 그렇다고 놀이에 빠져서는 안 된다. 놀이는 어디까지나 놀이이므로 적당히 하지 않으면 안 된다.

그러나 놀이를 장사에 최대한 이용할 수 있도록 힘쓴다면 크게 도움이 된다.

'놀자, 놀자, 마음껏 놀자. 그리고 그것을 장사에 이용하자.'
이것이 술집 접대의 덕 가운데 하나이다.

술자리에는 가끔 시중드는 여자도 자리를 같이 할 때가 있다. 허나 함부로 여자에게 손을 대는 실수도 저지르지 않아야 한다. 여자에 대한 감식안이 생긴다는 것은 물론 상인에게 있어 매우 중요하다. 나아가 일반적으로 사람을 보는 눈도 생길 것이다.

다만 곁눈질할 경우, 그것은 이미 접대가 목적이 아니다. 초대받은 사람의 눈은 생각보다 예리하다는 걸 잊으면 안 된다.

장사란 주판에 나타나는 이익의 폭만이 아니라 결국은 인간과 인간과의 관계임을 잊지 말자.

31
신나게 돈 버는 방법

오사카 상인 사이에 전해 내려오는 '돈 버는 방법'이 있어 소개한다. 오래 된 글이므로 지금에 맞게 표현을 약간 바꾸어 보았다.

① 이익만을 생각하는 사람과의 교제는 결코 오래 가지 못한다. 마찬가지로 장사에서도 돈만을 중심으로 관계를 맺는다면 번영하지 못한다.

자기도 즐겁고 상대방도 기뻐야 옳은 장사라 할 수 있다. 이익만의 추구가 아니라 자기에게 주어진 상인으로서의 마음가짐을 인간의 도리로 여겨, 마음으로부터 우러나오는 친절로써 장사해야 한다.

그렇게 하면 상점 분위기는 저절로 밝아진다. 상점 안에서는 협조가 잘 이루어지며, 밖에서는 고객과의 친분이 맺어진다.

상인의 인격과 노력과 노동에 대한 당연하고도 정당한 보수로서 이익이 생긴다. 때문에 상인은 당당하게 그 이익을 차지해도 된다. 상인의 이익이란 말하자면 무사의 녹봉에 상당하는 것임을 알아 두자.

② '이익, 이익' 하며 오직 이익에만 혈안이 될 경우 다른 것은 잊고 오직 외형상의 규모 확장만 바라게 되는 경우가 많은데, 이것은 위험한 일이다.

세상에 대한 체면이나 자신의 허영심에 이끌려 재력 이상의 거래를 하는 것은 위험하다. 입에 당긴다고 음식을 너무 많이 먹으면 위장이 상한다는 사실을 잊지 말라.

③ 재력에 알맞는 장사를 경영하기 위해서는 모든 거래를 현금으로 해야 한다는 각오를 가져야 한다.

이러한 결의만 있다면 손실이나 이익의 그 어느 경우에도 흔들림 없이 침착하게 전진하여 번영으로 이끌어 갈 수 있다.

④ 비록 자기에게 재력이 충분치 못하더라도 재력 이상의 역할을 하는 인격과 신용이 있다는 사실을 잊지 않는다.

장사는 결코 돈만으로 하는 것이 아니다.

⑤ 돈이 벌리면 그 중에서 얼마를 상업 자본과는 별도로 분리시켜 적립해 둔다. 만일 이것을 실행할 수 있다면 당신은 대단한 사람이다.

⑥ 번 돈을 어떻게 쓰느냐도 중요하다. 유용하게 사용하면 그에 비례하여 이익이 흘러 들어온다.

⑦ 장사에 쓰는 돈과 집 생활에 쓰는 돈을 혼동하는 상인은 반드시 망한다. 작은 기업을 스스로 경영할 때에도 이 두 가지는 엄격히 구별해야 한다.

⑧ 이익 분배 제도를 분명히 한다.

⑨ 간부의 태도나 언행에 따라 점원은 교육된다. 만일 훌륭한간부가 그 점에 유의하여 신입 사원을 지도한다면 그 상점은 반드시 번영한다.

사내 교육, 특히 온 더 잡(on the job) 교육은 훌륭하다. 사원은 서로를 훈련시킴으로써 향상을 도모해야 한다.

⑩ 동업자의 나쁜 습성에 물들지 않는다. 그리고 언제나 진로를 명확히 한다.

스스로 이렇게 해야겠다고 결심한 올바른 신념, 이런 신념을갖지 않고 장사를 계속하는 사람은 부침이 특히 심하다

또한 동업자는 때에 따라 협동하거나 경쟁자가 되기도 한다. 이 구별을 분명히 한다면 동업자의 편향에 흘러 실패하는 일은 절대로 없다.

⑪ 자기 가족을 사랑한다.

자기 가족을 사랑하지 않는 사람은 점원을 사랑하지 못한다. 점원을 사랑하지 않는 사람이 고객을 사랑할 리 없잖은가.

고객을 사랑하지 않는 사람은 결국 이익도 사랑하지 않는다. 이로써 그는 이미 상인이 아니다.

⑫ 우는 소리를 하지 않는다.

우는 소리를 한다고 무슨 이익이 돌아올 것인가. 우는 소리를 잘 하는 사람은 사업의 목표를 자기 스스로 깎아 내리는 사람이다.

상인이라면 결코 우는 소리를 하지 않는다.

⑬ 자기 힘만 믿는 사람은 반드시 고통을 겪는다.

인간의 힘이란 한계가 있는 법이다. 모름지기 우주의 생명을 믿고

당당히 그리고 겸손하게 손님을 맞아야 한다.

⑭ 지불일에 지불하지 말고 지불일보다 먼저 지불하도록 노력한다.
지불이 좋으면 좋은 물건을 싸게 살 수 있다. 구입이 승부의 열쇠가 된다.

⑮ 외상은 상인에게 있어 필요하지만 외상의 양과 이익의 양은 정비례하지 않는다는 사실을 잊지 않는다.
외상의 양은 이익이 되어 나타나지 않는다. 허나 있는 그대로의 본심을 상대방에게 털어놓으면 그 양이 이익이 되어 나타난다.

⑯ 구매자가 좋아하는 판매자가 된다. 또 판매자가 좋아하는 구매자가 된다.
쌍방이 잘 어울릴 때 비로소 진정한 거래가 성립된다. 이익을 서로 나눔으로써 비로소 이익이 오르는 현상이므로 이상한 일 아닌가.

⑰ 장사에 방해를 하는 사람이 있다면 그것은 바로 자기 자신이다.
타인의 방해라면 제거할 수 있다. 타인이 방해가 된다면 돌아 갈 수도 있다. 그러나 자기 자신이 방해된다면 제거할 수 없으므로 반드시 실패하고 만다.

⑱ 먹고 입어야 예절도 안다는 말은 거짓이다. 예절을 아는 사람 스스로 먹고 입는 것에 만족한다. 그만큼 장사에는 예절이 중요하다.

이상의 18법칙을 들려준 분은 무척 훌륭하다. 실생활에 들어가기 전의 지침으로, 영원한 상업의 길을 밝힐 '옳은 길'을 제시하지 않았는가.

32
돈 벌러 달려가기 작전 여덟 가지

오사카 상인에게는 '상인의 마음가짐'이 있다. 오래 된 고문서를 정리하는 도중 이것을 발견하였기에 여기 소개한다.

상인으로서의 성공 비결이기도 한 여덟 가지 마음가짐은 오늘을 사는 우리에게도 꼭 필요하다.

① 가능성 있는 목표를 세운다

목표는 자신의 힘으로 달성할 수 있는 것이어야 한다. 아무리 노력해도 달성할 수 없다면 그것은 헛된 공상에 지나지 않는다. 너무 엉뚱하면 달성할 수단을 어떻게 강구하겠는가.

이럴 경우, 아무리 생각해도 손이 미치지 않는다면 우선 가능성 있는 목표로 1차 수정한다.

달성해야 할 목표가 지나치게 높으면 아예 처음부터 노력할 생각도 사라진다. 그러나 발돋움하여 다다를 것 같으면 '해 보겠다'는 생각이 든다.

이때 자신 있게 시작한다. 약동마저 느낄 것이다.

② 근면과 노력은 도덕이 아니라 상식이다

이토록 노력하고 있는데, 이처럼 매일같이 부지런히 일하고 있는데 하고 불평해서는 안 된다. 근면이나 노력을 칭찬받을 만한 미덕이라 생각한다면 크게 잘못이다.

근면과 노력은 당연한 일이라 생각한다. 우선 자기가 부지런하고 노력하지 않는다면 아무도 따라오지 않는다. 성과는 그 외의 것이다.

노력을 하지 않았는데도 성과가 오르는 경우가 있기는 하다. 그러나 이것은 오직 행운일 뿐이다.

끊임없는 노력과 근면을 몇 년 몇 십 년 계속한다면 당신은 반드시 성공한다.

독일의 쾰른. 근면이 없어졌기에 대도시가 쇠퇴한 예를 여기서 발견하게 된다.

라인강 중류 북쪽에 위치한 쾰른은 카이사르(102~B.C. 44. 로마의 정치가)의 갈리아 정벌 시대부터의 군사적인 요충지였다. 기원 50년 경, 클라우디우스 황제(B.C.10~A.D.54. 로마 제4대 황제)의 비인 아그리디나의 이름을 딴 지명이었는데 줄여서 쾰른이라 부르게 되었다.

중세 독일의 중심지로서 14, 5세기에 크게 번영했던 이 도시가 갑자기 쇠퇴하게 된 이유는 무엇일까.

그것은 사람들에게서 근면함을 볼 수 없었던 사실에서 똑똑히 나타났다. 즉, 17세기 초 쾰른의 카톨릭 교도들은 많은 신교도들을 쾰른에서 추방했다.

'근면한 신교도를 쫓아버린 쾰른'은 그 힘을 점점 잃었다. 그래서인지 독일 역사를 살펴보면 이때부터 쾰른에서는 큰 인물이 등장하지 않는다.

근면은 노력이 아니라 상식이라는 말의 정곡을 찌른 예이다.

③ 남의 비웃음도 받을 필요가 있다

상인으로서의 성공 비결은 바로 인내에 있다.

마쓰다이라 슈가쿠(1828~1890)는 절약과 검소로 매우 유명한 사람이다.

식사도 아침은 절인 야채뿐이고 점심은 국이나 한 가지 반찬뿐이었다.

당시의 관습으로 두부를 살 때에는 언제나 한 번에 열 모로 정해져 있었다. 그런데 가족이 적을 경우에는 사실이지 골칫덩이였다. 필요한 만큼의 두부를 살 수 없던 시대 ── 꼭 열 모로 정해 살 까닭은 없다고 그는 생각했다.

체면 차릴 것도 없다 하여 '남들이 수군거린다고 해서 부끄러워하지 말고 두부는 꼭 한 모씩 사라'고 부인에게 말했다.

고통스러움을 참는 게 인내라면 두부 열 모 사는 것을 참는 것도 인내이다.

지금 도쿄에서 활약하고 있는 어느 사장은 이렇게 말한다.

"마음의 움직임을 파악하거나 사업을 추진할 때에는 날카로운 지혜와 함께 참된 애정이 필요하다. 더구나 '참을 인(忍)자'는 놀라운 효과를 발휘한다."

마음으로부터 깊이 새겨들어야 할 이야기가 아닐까.

이같은 말이 실제적으로 장사에 활용되는 경우는 생각보다 의외로 많다.

경기에는 기복이 있다. 기후에 추위와 더위가 있듯이 장사에도 잘 팔리거나 팔리지 않을 때가 있다. 어떤 일을 해도 생각대로 풀리지 않는 슬럼프가 있다.

상인들에게 있어서 이 모두는 반드시 참아야 하는 시기이다. 그래서 '어디까지 인내할 수 있는지 남의 비웃음도 받아 볼 필요가 있다'는 말까지 생기지 않는가.

④ 과연 '신용' 받고 있는가

남으로부터 신용을 어느 정도 받을 수 있는가. 그 신용 없이는 장사에서 성공하지 못한다.

어느 장사이건 고객으로부터의 주문, 고객으로부터의 의뢰, 고객으로부터의 잔소리는 수없이 많다. 이때 한 번이라도 실수하면 되돌릴 수 없는 처지가 된다. 반면에 한 번 획득한 신용은 무엇과도 바꿀 수 없는 재산이 된다.

애써 땀 흘려 얻은 군주의 지위는 오래 유지되지만 노력 없이 획득한 지위는 무너지기 쉬운 것처럼, 백성으로부터 신뢰받지 못하는 군주가 무슨 일을 할 수 있는가.

옛날 다레이오스 1세(B.C. 558경~B.C. 486경. 페르시아의 왕)는 영토를 안전하게 보전하기 위해 약 20개의 도시 국가로 분할하여 각각 군주를 임명했다.

그러나 그것은 탁상공론일 뿐이었다. 갑자기 군주로 임명된 자는 아무런 마음의 준비도 없었고, 또한 그때까지 그와 유사한 일에서나마 애써서 땀 흘려 본 경험이 없었기 때문에 끝내 그 제도는 실패하고 말았다.

여기에서 보듯이 막연히 장사하지 말라.

같은 물건을 팔더라도 우연히 팔았을 때와 애써서 겨우 팔았을 때와는 상인으로서의 체험도 다르다.

경험이란 지금까지 얼마나 고생을 이겨 왔나 하는 그 축적을 말한다.

붉은 소변을 본 적이 몇 번 되는가, 잠을 설친 밤은 얼마나 많았는가, 몇 번이나 고통을 참아 왔는가가 귀중한 체험이 된다. 또 이것이 흔히 타인으로부터의 신용과 직결되기도 한다.

타인으로부터 신용을 얻는다 —— 이 얼마나 값진 말인가.

⑤ '솜씨' 시험

남자는 배짱, 가끔 자기 실력을 시험해 본다. 그래야만 크게 성장할 수 있다.

다소 무리(무모와는 다르다)라고 생각되더라도 시도해 보아야 한다. 경험이 능력과 실력을 배양해 줄 것이다. 다만 결코 지나쳐서는 안 된다.

⑥ 자기 이야기가 어떻게 메아리치는가

　YES로 시작되는 거래와 NO로 시작되는 거래의 차이는 생각보다 심하다.

　고객은 무리인 줄 알면서 무리한다. 즉, 사겠다고 생각하는 고객은 반드시 무리를 말한다. '팔아 주겠다'는 마음을 가진 고객은 상의를 해 오거나 무리를 말한다. 허나 결코 끝까지 그 무리를 관철하려 들지는 않는다.

　고객의 좋고 나쁨은 이쪽에서 관찰할 수 있으므로 그러한 비판이 가능하다.

　그렇다면 어째서 자기 자신의 나쁨은 관찰하지 않는가. 결국은 마음과 언어의 문제이지만.

　요즘의 젊은 점원들이 언어를 모른다고 불평하기 전에, 언제나 자신의 언어를 정선하는 데 게으르지 말아야 한다는 걸 그들에게 주지시킬 필요가 있다.

　신입 사원도 다 알 듯이 고객을 대하는 기본 언어는 다음의 네 가지밖에 없다.

　1. 안녕하십니까.
　2. 안녕히 가십시오.
　3. 감사합니다.
　4. 미안합니다.

　이 네 가지를 장사에서는 여러 가지로 변화시켜 사용한다.

　1. 어서 오십시오.
　2. 또 오십시오.

3. 언제나 감사합니다.

4. 정말 죄송합니다.

응용할 때의 변화는 장소와 경우와 상대에 따라 달라지므로 정형화되지는 않지만 '네' '네, 알았습니다' '알겠습니다' 등 YES를 훌륭히 사용하면 상대방의 호감을 얻는다. 아무리 힘들더라도 NO라는 부정어가 사용되면 상대방에게 차가운 느낌만줄 뿐이다.

인간이 일상 생활에 사용하는 또 하나 중요한 의사 표시로 승낙과 거부가 있다. '좋아요' '싫어요' 가 그것이다. 이것을 장사에 이용할 때도 마찬가지이다.

기본적인 인사말에서 시작하여 가장 정선된 말 한 마디에 이르기까지, 언어 사용에는 크게 신경써야 한다.

⑦ 일에 어느 정도 자신 있는가

장사를 하는 이상 여러 가지 일을 시도하게 된다. 어느 계획을 실시해 보아 성공하면 장사는 그대로 이익과 결부된다. 허나 실패하면 손해를 본다. 그러므로 일거수 일투족에도 마음을 놓지 못한다.

지중해에서 코르크가 수입된다. 전주 변압기에 쓰이는 코르크는 절연체로서의 역할을 하기 위해 가장 많이 사용되지만 일반인들은 잘 모른다. 그렇지만 여성의 조리(일본 짚신)에서 보듯이 이런 때는 눈에 잘 들어온다.

가볍고 탄력성이 있어 예로부터 조리에서 없어서는 안 될 물건이었다. 그러나 값이 지나치게 비싸거나 수입이 어려울 경우에는 대용품을 고안해 내지 않으면 안 된다.

새로운 조리를 고안한 메이커에 따르면, 발포성 원자재만으로는 코르크의 촉감이 나지 않아 고심했다고 한다.

발바닥에 닿는 부분이므로 충격을 흡수하는 장치가 꼭 필요하다.

이러한 순서에 따라 경영자는 일을 추진했다고 한다.

계획은 생각이 아니다. 그 순서에 따라 마무리 지어 가는 것이다. 나라에서 법률을 제정할 때 처음에는 '대강(大綱)'을 만들고 이들을 마무리 지음으로써 새로운 법률이 탄생하는 이치와 같다.

장사란 끊임없이 생각하고 생각한 것을 메모해 나가면서 마무리하는 것이다.

이에 대해 자기가 어느 정도 자신을 가질 수 있는가가 문제이다. 단순한 생각만으로는 자신이 붙지 않는다. 생각을 마무리 짓는데서 자신이 얻어진다.

⑧ 주위 친구들은 나를 어떻게 생각하나

어느 골프용품점 사장이 있었다. 처음에는 초등학생이나 중고교 학생를 상대로 하는 운동용품점이었지만 골프용품을 취급하게 되면서 어른이 중요 고객이 되어 가게는 점점 번창했다.

그 사장은 이때 골프용품을 파는 이상 자기도 골프를 쳐야겠다는 생각이 들었으며 끝내 필드를 찾았다.

장사가 잘 되었으므로 주위의 추천을 받아 라이온스 클럽에도 가입했다. 그곳은 작은 도시였지만 명사들을 친구로 갖는데도 성공한 셈이다.

그런데 이것이 잘못이었다. 아침부터 가게에 놀러 오는 친구들이 늘어갔다. 커피며 술이며 사장실은 마치 응접실이라도 된 듯했다. '어디로 골프치러 갈까' 하는 말만이 오갔다.

주인이 일에서 멀어진 듯하자 점원들도 제대로 신경쓰지 않았다. 자연히 매상이 오르지 않고 이익도 감소되었다. 재고가 넘쳐 끝내는 도산하고 말았다. 실제로 있었던 이야기이다.

친구가 없어도 곤란하다. 허나 있는 것도 곤란하다. 그렇다면 현재 자기에게 모여드는 친구가 자신에게 도움을 주는지 아닌지 곰곰이 생각해 볼 필요가 있지 않은가.

약간은 다른 예지만, 어느 친구에게 이런 일이 있었다.

딸이 결혼을 했다. 어느 친구에게서 편지와 함께 선물이 배달되었다.

'자네 딸을 본 적이 없어서 결혼 선물을 보내지는 않겠네. 하지만 그대로는 섭섭하여, 오랫동안 딸을 키운 그 정성을 차마 잊지 못해 자네 부부용 그릇 한 쌍을 보내니 사용해 주겠는가.'

고마운 친구가 아닐까. 일찍부터 쌓아 온 우정 덕으로 이같이 정성 어린 그릇을 선물로 받은 것이다.

이것저것 무리지어 모이기 때문에 악인에게는 악우(惡友)가 늘어가는지 모른다. 선우(善友)가 늘어가는지도 모른다.

장사를 하는데 있어서는 손해를 가져올 친구가 있는 반면 이익을 주는 친구도 있기 마련이다. 다시 한 번 가려서 반성의 자료로 삼아야겠다.

현대를 사는 우리가 한번 음미해 본다면 장사하는 데 큰 도움이 될 것이다.

33
오사카의 점원 교육

 요즈음은 짐을 꾸리고 포장하는 방법이 많이 변해서 새끼줄이나 가마니를 쓰지 않지만, 예전에는 짐을 풀 때 절대로 새끼줄을 자르지 못하도록 가르치는 것이 오사카 상인의 절약 정신이었으며 한 본보기였다.

 '손톱은 길어지지만 새끼는 결코 길어지지 않는다. 이 새끼를 잘라 버리면 그만큼 허비되는 거지. 평생 동안을 생각한다면 이건 결코 작은 일이 아니다. 그러니까 새끼는 네 이빨로 풀도록 해라. 다시 이으면 그만큼 소용이 되느리라. 이것이 한 평생 모이면 그야말로 대단하지 않겠느냐.'

 이렇듯 오사카 상인은 점원들에게 어릴 때부터 절약 정신을 가르쳤다.

 비단 새끼뿐 아니라 모든 일을 이같이 훈련시킨다. 특히 종이는 분류하여 상품을 포장하는 데 요긴하게 사용한다.

　상품을 포장하거나 멀리 보낼 경우 제일 바깥 쪽은 새것을 쓰지만 속은 다른 데서 온 짐의 가마니나 새끼를 잘 간수해 두었다가 쓴다. 이것이 오사카 상인의 기본 상식이다.

　상점 주인의 욕심이나 구두쇠이기 때문만은 아니다. 인연이 있어서 자기 가게에 온 점원을 처음부터 제대로 교육시키자는 생각이다.

　'세 살 버릇이 여든까지 간다'라는 속담도 있지 않는가.

　이렇게 어릴 때 받은 교육이 몸에 배어 한 평생 그 덕을 보는 것이다.

　어느 날 밤 늦게 손님이 초를 10원어치 사러 왔다. 그런데 그 가게의 점원은 겨우 10원어치라니 하고 투덜거리며 잠든 체했다. 안방에서 지켜 보고 있던 주인도 아무 말 하지 않았다. 허나 이튿날 아침 주인이 점원에게 말했다.

　"괭이를 갖고 와서 여기를 파보거라. 돈이 나오는지……."

　주인의 말에 점원은 씩씩거리며 땅을 팠다.

　"주인 어른, 아무리 땀을 흘리고 파보았지만 한 푼도 나오지 않습니다."

　점원의 퉁명스러운 대답에 주인은 크게 나무랐다.

　"너 간밤에 초를 10원어치 사러 온 손님을 그냥 보내지 않았느냐. 그런데도 어째서 한 푼도 나오지 않는다는 말을 할 수 있지? 그래 가지고 훌륭한 상인이 될 수 있겠느냐?"

34
많이, 정확히 알아야 한다

경영의 근대화, 조직화가 진행되면 일이 합리적으로 편성되고 배분되므로 사람이 담당하는 일도 점점 단순화되어 간다. 다시 말해서 사람이 분담하는 일은 단조롭고 보잘것 없이 되어 간다. 인간이 '단순화'된다는 말이다.

이때 그 한 가지 단순 작업을 효율적, 능률적으로 많이 소화하기만 하면 되지 않으냐는 의문이 드는 게 당연하지만 실제는 그렇지도 않다. 그 단순 작업을 잘 이해하고 주위와 조화를 도모하지 않으면 일은 원활히 진행되지 않는다. 이익도 생기지 않는다.

일은 과연 단순화되었다. 그렇지만 담당하는 사람은 그럴수록 주위의 일에 더욱 깊은 이해를 가져야 한다. 이것도 안다, 저것도 안다, 이것도 할 수 있고 저것도 할 수 있는 사람이 되지 않으면 안 된다. 즉 '다양화'라는 요청이 엄숙히 요구되는 것이다.

무엇이든지 할 수 있고 알고 있는 사람이라도 행동할 때에는 극히 단순한 한 가지 일을 분담하는데 지나지 않는다. 자질로서는 '다양화', 행동으로서는 '단순화'라는 얼핏 보아 서로 모순되는 듯한 곳에 말할 수 없는 묘미가 있지만.

다양화란 박식과는 다르다.

어느 만물 박사가 있었다. TV나 라디오 퀴즈 프로에 나가면 우승할 만한 인물이다.

종합 경기장에 화장실이 몇 개 있다거나 국립극장 건설비는 좌석당 얼마나 소요되었다거나, 혹은 현재 도쿄 인구 가운데서 결혼 적령기에 있는 남녀는 몇이며 그 중 어느 편이 결혼난에 부딪치고 있는가 등등.

심심풀이나 한가할 때의 화제라면 이 친구에게 물어 볼 수 있다. 그렇지만 그러한 지식은 장사에 도움을 주지 못할 뿐더러 경영에 참고가 되지도 않는다. 이와 같이 박식한 사람을 가리켜 다양화된 인간이라고는 결코 말할 수 없다.

박식은 지식의 잡탕, 지식의 부야베스(프랑스 요리에 나오는 생선 찌개), 지식의 냄비요리, 지식의 허드레 상자에 지나지 않는다. 요긴할 때 소용이 닿지 않는 지식에 불과하기 때문이다.

우리가 필요로 하는 것은 어디에나 응용할 수 있는 기초 지식이다. 소화된 지식, 정돈된 지식.

필요할 때 도움이 되는, 메밀국수 통의 길이가 얼마나 하는 등의 박식은 필요 없다.

35
다능화 플러스 알파

사물을 아는 방법에는 가로와 세로로 구분하는 두 가지가 있다.
'판다' '팔린다'는 세로의 입장에서 방법을 아는 사람에게 물었을 때 그 답을 쉽게 들을 수 있다. 예컨대 시간이라는 자(尺)로 다음과 같은 답이 나온다.

① 하루로 따질 때, 오후 네 시에서 여섯 시까지의 그 두 시간에 승부가 납니다.
② 요일로 말하면 토요일과 일요일에 손님이 많습니다.
③ 날짜로 25일 전후, 즉 월급날을 기준으로 손님이 많습니다.
④ 달일 경우에는 6, 7월과 연말인 12월에 손님이 많습니다.

잡화상에서 일하는 오사카 출신의 우스보케 미키치는 오전에 팔리는 물건과 오후에 팔리는 물건이 다르다는 사실을 알았다. 그리하여 주인과 상의해 상품의 진열을 오전과 오후로 구분하여 바꿨더니 평소

보다 매상이 2배로 늘어났다고 한다.

'사람의 종류' '고객의 층'을 주의 깊게 관찰하여 통계적으로 종합해 본 어느 커피숍 주인은 그곳이 직장 밀집 지대에 자리하고 있으므로 이를 기준으로 해서 다음과 같이 파악했다. 하루 세 번의 피크가 있었다.

① 아침일 때는 남자 한 사람씩
② 점심 때에는 여러 남자들
③ 저녁 때는 젊은 여성을 동반한 남자들

저녁의 경우 여성을 동반한 손님들에게는 단 것들이 많이 팔렸다. 작은 케이크, 작은 프린, 소량의 아이스크림을 예쁜 접시에 담아 내놓았더니 살찌기 싫어하는 여성들에게서 크게 환영을 받아 순식간에 다 팔리더라고 했다.

저녁에 상품이 다 팔린 것을 보고 오늘은 장사가 잘 되었다고 좋아하기에는 아직 이르다. 그때 보충할 수는 있는 상품을 개발해서 손님의 기호가 떨어지지 않게 해야 한다. 이것이 장사꾼의 포인트이다.

'인간 지배의 관계'로 말할 경우, 한 계급 또는 두 계급 위의 상사 입장을 감안할 수 있는 사람은 상사에게서 신뢰를 받는다.

세로의 계열에서 상사의 일, 부하의 일을 배려하는 사원은 신뢰할 만한 사람이다. 세로의 계열에서 바람직한 사람은 세로로 다능한 사람이며, 비록 담당하는 일이 단순하더라도 자질은 다양하다.

허나 가로로도 사물을 알지 않으면 안 된다.

판매장에 있는 사람이라도 구입이나 경리, 다른 동업자의 동향 등, 가로의 일에도 관심을 가져야 한다는 말이다. 자신을 스스로 다능화

시킨다는 뜻이다.

　다른 부의 과장과도 가로로 연락을 취하지 않으면 안 된다. 차장쯤 되면 더욱더 다른 부서의 차장과 연락이 긴밀해져야 한다.

　같은 대학 출신이 여러 가지 직업에 종사하는 많은 친구를 가지고 있다면 기대하지 않았던 좋은 정보를 얻는 경우가 있다. 부친이 상당한 사회적 명사인 경우에도 정보원이 풍부하다.

　그러므로 세로와 가로의 광범위한 다능화를 이 시대는 요청한다. 그런 사원이야말로 '올 라운드 플레이어'라 할 수 있다. 독서나 연수도 가로세로의 폭을 더욱 넓히는 한 가지 수단이다.

　다능화의 자원을 비축함으로써 비로소 단순하다고 생각되어지는 업무도 완전히 수행할 수 있다.

　다능 가운데 응결되는 것은 가로세로로 광범위하게 펼쳐진 다능화의 지혜이다. 많이 알아야 비로소 단순한 일 한 가지라도 할 수 있지 않은가.

　이때 가장 바람직한 이상은 다능화에 '플러스 알파'가 덧붙여진 기능이다. 다능화만이라면 '형태 그대로'에 지나지 않으나 '플러스 알파'가 있음으로 해서 개성 있는 일로 형태를 바꿀 수 있다. 이때 정석을 초월한 새로운 맛을 느끼게 된다.

36
오사카 상인의 뛰어난 지혜

지혜란 머리의 번뜩임을 의미하지만 역시 노력의 결과라고 말하는 것이 더 정확하다.

그 지혜에 대해 오사카 상인들은 어떻게 행동했을까.

① 다이묘가 압박을 해 올 때 오사카 상인들은 '시메카시'로서 집단적으로 대처했다.

② 동료 상인이 상인으로서의 도리를 지키지 못할 때는 '신다이카기리'로서 그 사회에서 따돌렸다.

이것들은 상인으로서의 방위를 위한 지혜였다.

아무도 보호해 주지 않는 것이 상인이었다. 당시는 사농공상(士農工商)의 최하위에 있는 지위였으며, 가장 천대받던 계층이었다.

사무라이로부터 폭행을 당해도 한 마디 항의를 못 하는 처지였다. 원래는 성도 갖지 못한 계급이었다.

'시메카시'란 다이묘가 부당한 대출을 요구할 경우 상인들이 집단적으로 거절하는 것을 말한다.

봉건사회의 시간적 추이에 따라 쌀 중심의 경제하에서 다이묘는 상인들에게 돈을 빌리지 않으면 안 되었다. 가을 추수를 담보로 하여 봄에 기타하마 상인에게서 빌리는 게 통례였다.

쌀뿐만이 아니었다. 그 외의 곡물도 미리 빌리는 일이 있었다.

그런데 약속을 이행치 않거나 요구하면 대신 협박할 뿐 이자도 제대로 내지 않는 영주에 대해서는 상인들이 다시는 빌려 주지 않기로 자체 결의했다. 신용이 없는 다이묘에 대한 대출을 상인 스스로 규정을 만들어 거부했던 것이다. 이것이 '시메카시'였다.

그럼 '신다이카기리'란 무엇인가.

오사카 상인은 장사에 그렇게 바쁘다고는 할 수 없다. 그렇다고 채권 문제 같은 귀찮은 일로 동료 상인과 재판을 하는 등의 수단도 좋아하지 않았다.

약속된 날짜에 상대 상인이 빚을 갚지 못할 때 관청에 호소하는 층은 대개 에도 상인들이다. 오사카 상인들은 절대 그렇지 않았다. 상인 사회에서 생기는 일은 그들 스스로 해결했다. 관청에 호소하는 대신 '너는 이 사회에서 나가야 한다'는 극단 조치를 취했다. 이것을 '신다이카기리'라 했다.

그런 상인이 우리 사회에 있으면 곤란하다. 아무리 시간이 남아 돈다고 해도 빚을 되돌려 받기 위해 뛰어다닐 수도 없으니 이곳에서 나가라. 없어져 버린다면 두 번 다시 우리 상인들에게 폐를 끼치지 않을 게 아닌가. 그러는 게 오히려 '손 쉬운 방법'이었다.

추방된 상인이 있을 곳은 마을 밖 공동 가옥 비슷한 곳뿐이다. 명절 때 사자춤을 추거나 밤시장에서 장사하는 것밖에 허용되지 않는다.

그런 세계에 들어가면 빚을 갚을 의무에서는 해방되지만 다시 일하던 상인 사회로 되돌아 갈 수는 없다.

관청에 호소한다고 해도 특별한 이익이 돌아오는 것도 아니기 때문에 생긴 규정이었다.

37
새로운 것에 달려들다

보스턴에 위치한 파일링 회사의 피레네. 세계 최대의 할인 판매점이다. 이 회사는 여러 가지 독특한 상법을 개발했다.

필자는 앞서부터 상법의 표본이라 여겨 '장사'를 생각할 때 우선적으로 손꼽는다.

① 종업원에 대한 고객 위주의 서비스 훈련이 매우 중요하다고 생각한 최초의 상점이다.

고객에게 만족을 주려면 종업원이 우선 만족해야 한다. 그러므로 종업원 훈련이 우선되어야 한다.

② 날씨와 관계없이 고객의 방문을 가능케 하기 위해, 신설되는 보스턴 지하철과 연결될 수 있는 지하 출입구를 만들었다.

③ 과학적인 경영법을 제일 먼저 채택했다. 매뉴얼을 만들어사업의 명세를 알기 쉽게 썼다.

④ 종업원 제안 제도를 이미 1899년에 시행했다.

⑤ 만화가 곁들인 재미있는 교육 훈련서를 일찍부터 작성했다.

⑥ 1913년, 여름에 한해 토요일에 휴점하는 제도를 시험하여 이를 10년 후 제도화했다.

⑦ 1주 5일제, 1주 40시간를 최초로 고안한 상점이다.

⑧ 새로운 소매 기술을 개발하기 위해 많은 시간과 비용을 투자했다. 예를 들면 지하 할인 판매장을 들 수 있다. 정가로 팔던 물건이 만일 팔리지 않게 되면 특정한 날 특정한 비율로 가격을 자동적으로 할인하여 이곳에서 판매했다. 1909년이었다.

12일 후 25% 할인, 18일 후에는 다시 25% 할인, 25일이 지나도 팔리지 않았을 때는 다시 25% 할인했다. 그리고 30일이 지났는데도 아직 물건이 남아 있으면 이를 보스턴의 자선 단체에 기부했다.

이리하여 불경기 때에도 지하 판매장의 수익은 지상 판매장의 적자를 메웠으며, 상점을 경영할 수 있을 정도로 이익을 올렸다.

이 지하 판매장에서는 밍크 코트나 보석, 다이아몬드 같은 비싼 상품까지 취급했다.

이러한 멋진 착상과 훌륭한 창의성을 개발하여 세계를 놀라게 한 회사가 또 있다. 바로 A&P였다.

셀로판으로 싼 고기를 셀프 서비스 방식으로 판매한 선구자인 동시에 생선을 포장하여 판매한 최초의 상점이다.

일본의 경우, 이같은 창의력을 바탕으로 성공한 인물로 일본 제1의 재산가인 마쓰모토가 있다.

1927년부터 1935년까지 8년 동안 그가 급료를 받은 것은 한 번에 2

엔씩 1년에 세 번밖에 없었다. 정월과 음력 7월의 불사(佛事), 그리고 여름 제사 때뿐이었다.

먹고 입을 것을 지급받고 잠도 상점에서 잤다고는 하지만 마지막 그만둘 때 받은 돈이란 고작 20엔이었다.

아침에는 일찍 일어나 청소하고, 일이 끝난 뒤에는 아기를 보살펴야 했다. 이때 그는 비록 일찍 아버지를 잃고 어머니와 두 식구가 극빈하게 살았으나 굳은 신념을 생활의 방침으로 여기고 마음을 굳게 먹었다고 한다.

구부러진 것을 싫어하는 사람. 신세 진 사람에 대한 은혜는 결코 잊지 않았으며, 이러한 사실을 잊지 않으려고 노력했다.

이 사람이 이룩한 오늘날의 성공은 향상과 만족과 노력을 자기 자신에게 계속 유지시키는 정력과 자기 나름의 창의성을 발휘한 데에 있었다.

일본이 있는 한 마쓰모토는 함께 있다. 무일푼에서 시작한 그 '제로에서의 출발'을 바탕으로 창의성을 개발한 결과가 오늘날의 그를 있게 했다.

38
좋은 머리는 좋은 데 써야

　많은 정보가 머리 속을 그냥 스쳐 지나가더라도 필요한 정보는 꼭 남게 마련이다.
　5백 페이지의 책을 읽는다면 그 중 2%인 10페이지는 자기 수신기에 걸린다. 그것을 소화시켜 입 밖에 낼 때 그 정보는 이미 자기 언어가 되어 아이디어 구실을 한다.
　자신이 소화해 머리에 그려 놓은 정보가 아이디어로 떠오르면 솟아오르는 발상에 전율마저 느낀다.
　그 발상이 메모가 되어 눈앞에 남아 있을 때는 그런 발상을 가진 사람을 찾아 모이게 마련이다. 사람이 모이면 혼자서는 도저히 생각나지 않는 새로운 발상도 솟아나니 이상한 일이다. 의견이나 발상에 대해 상대방은 좀더 예리한 지혜를 표출한다. 이리하여 훌륭한 발상이 현실화된다.

그것을 브레인 스토밍이라 부르건 문수보살의 지혜라 얘기하건 OTJ(온 더 잡 트레이닝)라 하건 아무래도 좋다. 적어도 '솟아나기' 시작하니까.

고심한 끝에 발견한 발상은 무엇보다 강하며 또 강할 수밖에 없다. 허나 이때 중단한다면 매우 잘못된 생각이다.

연마를 거듭한 수신기.

예민한 감각을 가지고 수집한 정보를 스스로 소화시켜 만들어 낸 '독창적'인 발상은 분명히 훌륭하다. 그러나 함부로 밖으로 드러내 휘둘러서는 안 된다. 이른바 '날 둘 달린 칼'과 같기 때문이다.

그것을 휘두른다는 것은 가까이 오면 베어 버리겠다는 뜻이 된다. 가까이 오면 결국 베어 버리게 되므로 좋지 않다. 그것은 남을 손상시킨다는 얘기가 아닌가.

상도의(商道義)에서는 절대로 남을 베어서는 안 된다. 날 둘 달린 칼을 만들어 내는 것까지는 좋으나, 그 칼을 함부로 빼어서는 안 되는 것이다. 즉, 발상이 아무리 좋더라도 남에게 해를 끼치는데 사용하지 말아야 한다. 이것이 가장 어려운 일이다.

견딤과 참음과 신중이 혼합된 자중이 이때 필요하다. 자기의 멋진 아이디어라도 반드시 '오브라토로 싸서 내놓아야' 한다.

참았을 경우에는 성공, 참지 못하고 남을 베었을 경우에는 실패한다는 '역(逆)의 논리'가 우리 주위에서 수없이 나타나는 현상이 이것을 직접 얘기한다.

39
많이 주고 더 많이 받는다

인간은 감정의 동물이기 때문에 다루기가 몹시 어렵다. 사람을 다루는 요령, 일 시키는 요령을 잘 알아야만 훌륭한 경영을 할 수 있다.
1926년, 사카이(오사카 옆의 공업 도시)의 상인 큐오의 얘기가 재미있다.
'우리의 가업은 우리들 한 사람 한 사람에 의해 경영되는 것이 아니다. 고용인을 포함한 우리 모두가 함께 움직이므로 함께 일하고 함께 즐겁지 않으면 안 된다.'
이러한 방침을 세워 놓고 큐오는 종업원을 위해 두 가지 규칙을 만들어 시행했다.
첫째는 '회식 날.'
매월 1일, 15일, 28일은 하루를 쉬면서 종업원에게 자리를 만들어 주었다. 주인 자신이 아침 일찍부터 부엌에 들어가 직접 요리를 해서 내놓았다.

'우리의 가업이 계속 번창하게 된 것은 모두 여러분 덕분이다. 오늘은 내 집 식구들도 모두 바깥으로 내보냈으니 노래하고 마음껏 춤추고 실컷 마시도록 하라.'

둘째는 '야유회.'

교외로 놀러 가는 날이다.

이런 회식, 위로 잔치는 당시로서는 실로 파격적이었다. 그 대신 종업원에게 부정이 있을 때는 그 즉시 내쫓았다. 또한 힘써 일한 사람에게는 지점을 내주었고, 그 분가된 종업원들도 위로 잔치에는 모두 불러 함께 즐길 수 있는 기회를 갖도록 했다.

당시 휴일은 한 달에 한 번, 회식은 1년에 한 번이 고작이었으므로 큐오의 종업원 대우는 대단한 뉴스감이었다. 이 때문에 상점이 눈에 띄게 번창했으며, 그는 끝내 오사카에서 손꼽히는 거상(巨商)의 한 사람이 되었다.

사실 사람의 성격에는 차이가 있게 마련이다. 이 점을 잘 파악해서 고용인을 각각 달리 다룬다. 자식일 경우에는 그에 맞는 합당한 생업을 갖게 해 주는 게 좋고.

혼자 모든 일을 다 해낼 수 있는 사람은 극히 드물다.

'좋은 대우로 최고의 인재(人材)를 구한다.'

이 방침을 고집하여 영국의 장관과 같은 액수인 연봉을 사원에게 준 시카고의 아아모어 식육(食肉) 회사.

1832년 생인 던 포드 아아모어가 설립한 이 회사의 운영 방침과 인사 정책은 현대의 우리에게도 좋은 본보기가 된다.

그는 첫째 많은 봉급을 주고, 둘째 분업·분담으로 일을 처리하며, 셋째 경영자 자신의 근면을 기조로 했다. 그리고 대금 지불을 늦추는 일이 한 번도 없고, 또 앞으로도 없을 것이라고 거래처에 통지했다.

아아모어 자신 스스로가 아침 7시에는 이미 일할 정도로 부지런했다.

그에 대해 1909년에 출판된 '경험에 근거를 둔 경영 이야기'에서는 이렇게 이야기한다.

'고용인을 부지런히 일하게 하고 더불어 그들에게 수입이 많아지게 한다. 많이 일하게 하고 많이 준다. 이것이야말로 일을 순조롭게 진행시키기 위한 가장 좋은 방법이다……'

그리고 이렇게 덧붙였다.

'최고 봉급을 받는 고용인은 최저 봉급의 고용인이기도 하다.'

다시 말해서, 봉급을 많이 받더라도 실은 그 이상의 일을 하기 때문에 결과적으로 보면 회사로서는 가장 적게 급료를 준다는 말이다.

'이런 원칙을 한 가지라도 지켜라. 월급을 많이 준다면 그 고용인은 일을 잘 해서 주인에게 더 많은 이익을 준다는 사실을 잊으면 안 된다.'

40
떠나는 인재, 오는 사람

애써 채용한 종업원이 하나씩 회사를 떠나버린다고 낙심하는 경영자나 공장장이 많다.

그들 가운데는 계속 남아서 일하도록 술을 대접하거나 가정을 찾아가는 등 눈물겨운 노력으로 붙들려는 사람도 적지 않다.

그러나 이러한 경영자는 경영자로서의 자격이 없다. 유능한 경영자라면 이런 경우 '떠나는 사람을 붙잡지 않는다'는 식으로 냉정하지 않으면 안 된다.

그런 일에 냉정해지지 못하는 것은 그들이 떠남으로써 자기가 외로움을 느끼기 때문이다. 그 외로움이 문제이다. 그래 가지고는 정말로 강력한 경영자가 될 수 없다. 따라서 실격이다.

모여 든 사람은 언젠가는 다시 떠나는 것이 자연스러운 현상이다.

경영자가 아무리 애를 써도 일이나 직장 분위기나 대우, 그밖에 사람에 따라 불만에 대한 이유는 반드시 나오게 마련이다. 그런 불만이 있는 사람이 그만둔다고 해도 놀라거나 당황해서는 안 된다.

 그만둘 테면 그만두라는 기분으로 침착할 필요가 있다.

 한편, 애써 모아 놓은 사람들이 흐지부지 그만두고 떠나버린다는 것은 경영자의 경영 방침에 어딘가 분명 잘못이 있기 때문이다(경영이 서투르거나 권한을 위임할 줄 모르는 독단형 아니면 모든 것을 아랫사람들에게 맡기고 뒷짐만 진 채 자만심에 빠진 나태형 등).

 따라서 이런 점을 경영자 스스로가 반성하고 개선하지 않는 한 떠나는 사람을 막을 도리는 없다. 만일 그들을 막기 위해 대우를 개선하는 등 임시 방편으로 일을 처리한다면 인건비만 많아질 뿐 사람도 엄하게 다룰 수 없게 된다.

 종업원이 경영자를 깔보게 되는 경우도 생긴다. 인정이 종잇장 같다고 한탄한다면 한탄하는 쪽이 잘못이다.

 모였다가 흩어지는 것은 세상의 이치이다. 자식도 부모의 마음을 조금도 몰라 주는 게 오늘의 세태인데, 하물며 전혀 남남인 사람들에게 그러한 요구를 한다면 큰 잘못이다. 단순한 경제 관계로 만났고 또 사소한 일로 떠나는 이같은 현상은 조금도 이상할 게 없다.

 그것을 겁내서는 경영자로서 성공하지 못한다.

 문제는 몇 사람이 그만뒀느냐 하는 것보다 몇 사람이 남았느냐가 더 중요하며, 남아 있는 사람을 다행이라고 생각하지 않으면 안 된다. 그리고 떠난 사람에 대해 미련을 느낄 만한 마음의 여유가 있다면 남은 사람들을 잘 돌보는 것이 더 중요하다. 그것이 사람을 부리는 요령이다.

종업원을 모집할 때는 자기가 직접 해야 한다. 남에게 맡겨서는 안 된다. 정말 필요한 인재를 얻지 못한다. 또한 그 경우에는 엄격하게 다루지 못하는 경우가 태반이다.

자기가 애써 모집하지 않았으므로 훈련 등도 적당히 시킨다.

다루기 어렵거나 됨됨이가 나쁜 종업원일 경우에는 그들을 어떻게든 자기 사람으로 만들려는 노력은 하지 않고 모집한 사람에게 클레임을 붙이려 한다. 즉, 남에게 책임을 떠넘기게 되는 것이다.

'슬롯 머신에서 얻은 구슬'이라는 말이 있다. 남에게서 얻은 구슬은 아까운 생각이 나지 않아 쓰임새가 헤프다는 뜻이다.

대기업의 경우, 사원 채용은 인사나 노무 계통에서 취급하는것이 상례로 되어 있다. 말하자면 이것도 남에게 맡겨 채용한 셈이 된다. 그래서 참다운 인재 육성이 안 된다.

예를 들면 인사나 노무과에서 이것저것 감안하여 적당하다고 생각되는 사람을 사무실이나 공장으로 배치하지만, 배당받는 쪽에서는 그리 달갑게 여기지 않는다.

그런 정도가 아니라, 저 사람은 부려먹기 어렵다거나 나쁜 버릇이 있다는 등 자기 지도력이 부족한 것은 생각지도 않고 불평만 늘어놓는다. 요컨대 자기가 모집하지 않았기에 책임감 없이 멋대로 말할 수 있다. 이러한 무책임이 애써 들어온 인재를 놓쳐버리게 된다. 안타까운 일이다.

허나 최근에 와서 그런 현상은 사뭇 달라졌다. 대기업에서도 행정이나 원칙에 따라 사원 모집은 인사나 노무과에서 대행하지만 최종 결정은 실제로 사람을 사용할 부서의 장에게 위임하는 '모집하는 일'과 '결정하는 일'을 분리하는 예가 많아졌다.

  그렇게 하는 것이 '사람은 그 사람을 직접 사용할 사람이 모집하는 원칙'에 합당하기 때문이다. 이렇게 함으로써 슬롯 머신에서 얻은 구슬이 헤픈 것과 같은 낭비가 없어질 수 있다.

  다시 말하면, 사람을 모집하는 일은 남에게 맡겨서는 안 된다는 뜻이며 이런 일은 중소기업인 경우 보다 더 중요하다.

  경영자가 사람을 고르는 데 애쓸 필요 없이 공장장이든 부장이든 반장이든 정말 사람이 필요하다면 그들 스스로가 찾도록 해야 한다.

4

바쁘다는 것은 돈벌이에서 통하지 않아

41
참고 만나고 돈 벌고

회사 안에서는 무슨 일이건 거짓말이 통하지 않는다. 많은 눈이 위에서 밑에서 옆에서 번뜩이고 있기에, 좀처럼 속여 넘길 수 없다. 그러므로 솔직한 것이 좋다.

그래도 누명을 쓰는 일이 있게 마련이다. 일단 의심받게 되면 입으로 아무리 변명한다 해도 소용없다. 오히려 이롭지 못한 결과만 더 나타나는 경우가 많다.

그럴 때에는 '누명 쓴 하쿠인(1685~1768) 스님'을 생각하는 게 어떨까.

임제종을 중흥시킨 하쿠인은 1685년 12월 25일 스루에서 태어났다.

어릴 적부터 준재로 이름 높았으며, 수행을 쌓아 42세 때 이미 큰 경지에 이르렀다.

하쿠인의 높은 덕에 귀의하여 언제나 재물 공양을 소홀히 하지 않던 상인이 있었다. 헌데 그의 딸이 누구와 정을 통했는지 아이를 가졌다.
　돈 많은 상인이던 아버지와 어머니가 아무리 캐물어도 딸은 상대방의 이름을 밝히지 않았다. 그래서 더 준엄하게 나무라자 딸은 하쿠인 스님의 자식이라고 실토했다. 양친은 여간 놀란 게 아니었다.
　문제의 아이가 태어나자 그 부부는 아이를 안고 하쿠인 스님이 있는 절로 달려갔다.
　"승려인 당신이 우리 딸에게 아이를 낳게 하시다니, 이럴 수가 있습니까?"
　부부는 하쿠인 스님에게 마구 폭언을 퍼붓고는 아이를 스님의 무릎에 내던졌다. 하쿠인은 그래도 이렇다 저렇다 변명 한 마디 없이, 자기에게 떠맡겨진 아이를 귀여워하며 정성껏 길렀다. 부근의 마을 사람들도 그 아이가 진짜 하쿠인의 자식으로 생각하게 되었다.
　어느 해 겨울, 눈이 마구 내리고 있었다. 이날도 하쿠인은 어린애를 안고 부처님 앞에서 회향(回向)하고 있었다. 그날, 그 기품 높은 모습을 본 상인의 딸은 이제는 도저히 더 숨길 수 없어서 마침내 부모 앞에서 눈물을 흘리며 사실대로 자백했다.
　"사실은 우리 집 하인이 그 애 애비예요."
　부모는 무척이나 놀랐다. 그리고 하쿠인 스님에게 달려가 마룻바닥에 머리를 조아리고 용서를 구했다.
　"어떻게 사죄해야 할지 모르겠습니다."
　그러나 하쿠인 스님은 그저 싱긋 웃었다.
　"이 아이에게 애비가 한 사람 더 있는가 보군요."
　책망하는 듯한 기색은 전혀 없었다.

하쿠인 스님에 대한 평판은 이로써 더한층 높아져 많은 사람들로부터 높이 받들어졌다.

밀부(密夫)의 수치를 견딘 그 많은 시간, 그래도 남을 탓하지 않은 높은 인격 —— 존경스럽지 않은가.

샐러리맨도 크든 작든 누명을 쓰는 일이 있다. 그러한 때에 누군들 묵묵히 견딜 수 있으랴. 허나 변명은 일체 통용되지 않는다는 사실을 알아야 한다.

진실은 언젠가는 밝혀지기 때문에 그때까지 참고 기다리는 여유가 필요하다.

사실이지 이와 같은 여유는 말로는 쉽게 할 수 있어도 실행에 옮기기는 무척 어렵다. 오히려 이같은 일이 있어서는 안 되겠지만. 평소 주위와의 인간 관계가 돈독하다면 큰 도움을 받을 수 있다.

특히 자신과 거의 같은 연배인 사람이나 아랫사람들과의 관계가 무척 중요하다.

사람과 사람이 서로 이해할 수 있기 위해서는 누구든지 업무면에서만이 아니라 그를 떠나서도 진실된 이야기를 할 수 있는 기회를 만들도록 노력해야 한다.

'아아 우정이여, 벗이여. 오늘 밤은 술 마시고 이야기하면서 이 밤을 지새우지 않겠나.'

서로가 서로를 이해할 수 있을 때 나오는 노래, 아침 일찍 출근해서 업무가 시작되기 20분 전쯤의 한 때에 아침 신문 기사에서건 어디서건 아무튼 화젯거리를 찾아 정담이라도 나누면 어떨까.

이것이 여의치 않다면 점심 시간을 이용하는 것도 좋다. 여유있는 자리가 될 것이다.

더욱이 점심 시간은 비지니스맨에게는 매우 중요한 시간이다.

점심때 누구와 이야기하며 식사할까 하는 생각을 한번도 가져본 적이 없는 사람이 있다면 이보다 더 불행한 사람은 없었을 것이다. 아니, 일생을 평범하게 도식하는 사람이기도 하겠지만.

미국의 어느 은행 지점장은 이렇게 말했다.

"점심을 누구와 함께 먹느냐 하는 것이 가장 중요한 비지니스입니다."

미국에서는 밤에 열리는 파티가 일본보다는 적은 듯하다. 그러므로 점심때가 가장 중요하다. 그러나 토요일은 쉬기 때문에 1주일 중에 점심을 먹을 기회는 월·화·수·목·금, 이렇게 다섯 번밖에 없다.

그 중의 한두 번은 같은 은행원끼리의 식사 모임이거나 사내 간부 회의에 참석해야 하기 때문에 마음대로 활용할 수 있는 횟수는 아주 적으므로 그만큼 귀중한 시간이 된다.

일본의 어떤 명사의 예정표에는 점심이나 저녁 시간이 3개월 뒤까지 꽉 채워져 있다고 한다.

'그날그날 먹고 사는 것은 개나 고양이도 하는 일이다. 적어도 인간으로 태어났으면서 만일의 경우 또는 비상시를 대비하지 못한다면 우스운 일이다. 그러므로 평소 저축을 잊지 않아야 한다.'

이렇게 말한 사람은 야스다 요시지로(1838~1921. 실업가)의 부친이었다.

돈 문제에 있어서만이 아니라 인간 관계에서도 '훌륭한 교제를 저축할' 필요가 있음을 알아야 한다.

사람과 사람의 관계는 하루아침에 이루어지는 게 아니다. 특히 내부 관계의 교제는 더욱 유의해야 한다.

사람은 감정의 동물이다. 한 마디 실수로 인해 큰 사건이 일어나는 경우가 있다.

조그마한 오해 때문에 뜻밖의 불화가 생긴다. 이것을 깨달았다면 '의사의 소통' '감정의 융화'가 매우 중요함을 알 수 있다.

그렇다면 무엇보다 먼저 '말'과 '태도'에 주의해야 한다.

둥근 달걀도 자르는 방법에 따라서 네모가 되듯이 모든 일도 말하기에 따라 모가 난다.

높은 자리에 있는 것을 자랑하면 남의 감정을 해치게 되고, 낮은 자리를 거절하면 분수를 모른다고 비난받는다. 그러므로 스스로 자랑하지 말고 남을 업신여기지 않는다. 같은 사원으로서 남의 인격을 존중하는 것이 중요하다.

그레이튼(1809~1898. 영국의 정치가)은 남의 이름을 잘 기억하기로 유명하다. 한 번 이름을 들으면 두 번째 만날 때에는 반드시 상대방의 이름을 술술 말한다고 해서 평판도 좋았다.

아무리 어리석은 사람이라도 그에게는 한 가지 장점이 있다. 그 장점을 인정받을 때 본인은 크게 만족한다.

선비는 자기를 알아보는 자를 위해 죽는다는 어마어마한 말을 끌어낼 것까지도 없다.

언제나 상대방의 인격을 존중한다.

이것이 교제의 묘체이다.

42
지배인이 장사를 움직인다

지금의 미쓰코시는 거대한 백화점으로 성장했지만, 처음 개업했을 당시의 가게인 에치고야는 겨우 아홉 자의 공간밖에 되지 않았다. 그런데 초대도 훌륭했지만 2대째의 사장도 훌륭했기에 지금처럼 발전할 수 있었다.

미쓰이 야쓰로 우에몬은 만년에 소치큐로 불리웠는데, 상점이나 자손을 위해 그는 상도의의 기본 요강을 세웠다. 이것이 있었기에 에치고야 경영 정신이 확립되었고, 상인으로서의 행동 기준도 확고하고 명백해졌다.

1955년에 발행된 '에치고야 각서'는 왕성한 경영 정신과 상인도(商人道)가 넘쳐흐르는 책이다.

저자인 도요하라 에키산은 13세의 어린 점원으로 에치고야에 들어가서 73세의 생애를 미쓰코시의 취체역으로 마칠 때까지 60년을 그곳에 바쳤다. 이러한 그가 말하는 에치고야의 역사는 좀체 찾아 보기 어려운 상훈(商訓)이기도 했다.
① 윗사람과 아랫사람은 함께 정을 나눈다.
② 장사의 진정한 도(道)를 힘껏 닦는다.
③ 중간 종업원을 채용한다.
④ 사치는 절대 해서는 안 된다.
⑤ 지배인을 우대한다.
⑥ 장사에 전념한다.
⑦ 같은 상인끼리 절대 협력한다.

이외에도 많이 있지만 모두 생략하고, 여기에서는 특히 사용인에 대한 사항을 생각해 보기로 한다.

먼저, 중간 종업원을 채용하는 데 대해 이 각서는 '중간 종업원을 잘 선택하는 것이 매우 중요합니다'라고 씌어 있다.

하찮은 결점 때문에 큰 이점을 놓쳐서는 안 된다. 마찬가지로 하찮은 이익에 눈이 멀어 큰 결점을 놓쳐서도 안 된다. 작은 손실로 큰 이익을 잃어서는 안 되며, 하찮은 이익으로 큰 손해를 초래해도 안 된다.

살림하는 여자가 훌륭하냐 그렇지 않느냐 하는 것도 모두 주인된 자의 마음에 달려 있다.

옛부터 훌륭한 장군에게는 반드시 훌륭한 신하가 곁에 있었다. 못된 주인에게는 못된 부하가 있었다. 결과적으로 상사가 어리석으냐 또는 현명하냐의 차이겠지만.

만일 주인이 가업에 어두우면 중간 종업원의 움직임을 제대로 이해할 수 없다. 밑에 일을 잘 할 수 있는 사람이 있더라도 윗사람한테 인정받지 못한다. 인정받지 못한 채로 방치되면 그 종업원은 싫증을 내고 의욕마저 잃어버린다. 그렇게 되면 상점의 형세가 뻗어날 리 없다.

'윗자리에 있는 중간 종업원은 아랫사람을 잘 보살피고' 사심 없이 좋은 것은 좋다고 하고, 나쁜 것은 나쁘다고 하여 위와 아래가 마음을 합쳐 일을 하도록 하면 못해 낼 일도 없다.

장사는 과녁과 같다. 솜씨 좋게 맞춘다면 맞지 않을 것이 없다. 장사에는 어떤 한계라는 것이 없고, 잘 움직이면 쉽게 번성한다. 허나 자금 유통이 여의치 않으면, 장사가 제대로 되지 않으면 장사는 그것으로 끝이다.

'그러므로 공적이 있는 자를 알아내어 제대로 뒷받침해 준다면 저절로 모든 일이 잘 될 것이다. 성실하게 남을 부리면 남도 또한 성실하게 따른다……'

그 책은 이렇게 설명한다. 잘 알아 두어야 할 일이다.

이번에는 '지배인을 우대한다'는 항목을 보기로 한다.

사용인 중에서도 특히 지배인은 고급 사용인이기 때문에 신중하게 다루어야 한다. 만일 그에 대한 취급을 잘못하면 곧 회사의 발전에 큰 영향이 미친다.

사실 뭐니 뭐니 해도 가게에서 가장 중요한 사람이 지배인이다. '주인에게 잘못이 있을 때는 간언해 주고, 아랫사람에게 잘못이 있을 때는 이를 타이르는 등 위와 아래를 모두 조정하여 원만해지도록 하는 사람'이다.

많은 사용인을 직접 지휘 통솔하는 사람이 지배인이다. 사용인을 지배함에 있어 가장 중요한 일이다. 그 임무 역시 무겁다.

이와 같은 중책을 맡겨야 하기 때문에 주인은 지배인에 대해 신경을 써서 잘 보살피고, 주인의 명령이나 의도가 아랫사람에게까지 잘 전해지게 해야 한다. 그러므로 지배인이 내리는 명령에 대해서는 주인도 잘 이해하여 모두가 그 명령에 따르도록 한다.

이렇게 주인이 지배인의 명령을 중시하면 아랫사람들은 절로 지배인의 통솔, 지휘에 잘 따르게 된다.

위로는 주인, 아래로는 여러 종업원, 그 사이에 끼어 업무를 척척 처리하는 것은 생각만큼 용이한 일이 아니다. 육체적으로나 정신적으로나 어지간히 건강하지 못하면 해낼 수 있는 자리가 아니다.

그러므로 소치쿠의 유서에서도, 지배인으로서 일할 수 있는 연령은 대체로 55세나 56세까지가 고작이라고 했다.

누구나 나이가 많아지면 심신이 쇠약해지므로, 미리 자신의 후계자를 양성해 둘 필요가 있다고 덧붙여 충고한다.

거만하거나 말썽을 일으키는 자들은 회사에 손해가 될 뿐 조금도 이롭지 않다. 그렇다고 해서 조그마한 단점이라도 눈에 띄었을 때 매몰차게 쫓아낸다면 이 또한 아랫사람이 크게 자랄 수 없다. 그렇다면 참된 지배인의 자격 역시 없다.

하지만 나이가 웬만큼 들어도 육체가 의연히 강건하고 머리 회전도 쇠퇴하지 않는 사람이 점점 많아지는 추세이므로 정년을 55세로 한정시켜 놓을 필요는 없다고 생각한다.

그리고 소치쿠는 지배인 자리에서 물러난 뒤에도 중요한 상담에는 꼭 참가시키고, 회합에도 출석시키도록 배려했다.

요즘 말로 하면 옛날의 지배인이란 3급 중역 정도가 아닐까. 어떻든 그를 일 시키는 쪽이나 일하는 쪽 다같이 회사의 운명을 좌우한다고 말해도 잘못은 아닐 것이다.

43
참된 타협에는 박수를

 좋은 회사와 나쁜 회사, 수준 높은 회사와 낮은 회사는 그 지향하는 목표가 다르다. 그렇지만 어느 회사에서나 '조직의 단결'을 이루고, 능률을 올리고, 업적을 쌓지 않으면 안 된다는 점에서는 뜻이 같다.
 이러한 의미에서 수준 낮은 회사를 설명하기 위해 아프리카 '루안다 중앙은행 총재의 일기' 내용을 소개하기로 한다.
 '……인간적이라는 그럴싸한 허울로 위장해 무조건 관대하게 사람들을 일하게 하는 것이 가장 좋지 않다. 필요한 것은 먼저 규율과 그것이 제대로 지켜져야 한다는 점이다. 아프리카 흑인이라고 해서 아무렇게나 내버려 둘 게 아니라 중앙은행 행원으로서의 규율에 따라……'
 주위의 비난에도 불구하고, 비록 생소하지만 조직을 규율화시키는 데 그는 성공했다.

수준 높은 회사를 위해서는 오노즈카 키헤이지(1870~1944. 도쿄대학 총장 역임)의 연설을 인용해 본다. 건전한 상식과 과학적인 연구심 그리고 타협심을 역설한 내용이다.

'……셋째로는 타협이 필요합니다. 타협이란 자기 주장에 충실한 것과도 모순되지 않고, 반대 의견과의 기계적인 절충도 아닙니다.

우선 상대방의 입장을 잘 이해하도록 노력하고, 그 바탕 위에서 타협의 여지가 있는 경우에 행해져야 합니다. 타협에 의해 부질없는 투쟁은 사라지고 불필요한 대항도 조화됩니다. ……나는 지금의 현실을 돌아본 끝에 올바른 타협심이야말로 절대 필요한 때라고 여러분에게 말씀드립니다.'

그 무렵은 전쟁 초기였으므로 아무튼 의기 충천한 여론 속에 있었기에, 혈기 넘치는 젊은이들은 결사적이란 말을 하기는 쉬웠어도 한 걸음 물러서서 타협한다는 말은 좀체 입밖에 내놓기 어려운 시대였다.

우유부단이나 부화뇌동은 타협과 비슷한 듯하나 사실은 그렇지 않다. 용기를 필요로 하는 것이 참된 타협이다. 단순히 정직하다든가 친절하다는 데에 비하면 훨씬 더 고급이고 고도한 덕목이다.

어째서 고급이라고 설명할까. 상반되는 요소를 두 개 가지고 있기에 그것을 조화시키지 않으면 안 되기 때문이다. 강하면서도 부드러운 것을 좋아하여 가래나무를 사랑하는 일본인의 전통 또한 고급이듯이.

물론 '스트롱 벗 플레시블'이라는 두 가지 요소를 추구하는 회사도 고급이다.

'상인이 이익을 도외시하고 명성을 얻으려 하다가는 재산을 날린다. 무사가 명성을 도외시하고 이익을 얻으려 하면 몸을 망친다.'

명리를 옳게 추구하는 자를 가리켜 도를 아는 사람이라고 하는데, 이것은 어쩌면 명리의 조화를 더욱 강조하려는 예인지도 모른다.

사람의 생존 방식에는 종축과 횡축이 있고, 그 중 축복받은 교차점에 살기 위해 두 가지 요소를 다 함께 추구한다. 그리고 그것을 조화시켜야 하기 때문에 약간은 고급스럽다는 표현을 썼다.

'타협'할 뿐 아니라 '여러 요소와의 조화'를 구하고 고도의 성장을 지향하지 않으면, 오늘날과 같은 다원 다극한 사회에서는 누구든 도태되고 만다.

44
바쁘다는 것은 핑계가 안 된다

걸식형 예금과 보람형 예금에 관한 이야기로 오사카 상인과 현대의 인간 관계를 고찰해 보는 것도 재미있다.

걸식 예금이란 돈이 남았을 때 그 남은 돈을 저금하는 것을 말한다.

남는 돈을 저금하다니, 도대체 어떻게 하는 걸까. 예컨대 보너스를 받으면 실컷 마시고 떠들고, 그러고도 남으면 조금쯤은 저금으로 돌린다는 말이다.

하지만 그런 태도로 성공한 예는 절대로 없다.

그럼 보람형 예금이란 무엇인가.

지급받는 봉급 전액을 저금해 두었다가 천천히 필요한 액수만을 찾아 쓴다.

한 달을 무사히 생활했다며 감사히 여긴 몫에 해당하는 액수를 일정하게 떼어 저축하는 사람도 곧 보람형 예금을 하는 것인데, 이는 반드시 부자가 된다.

　이런 이야기 속의 예금이라든가 금전을 여기서는 '시간'이라는 두 글자로 바꾸어 인간 관계를 살펴보고자 한다.

　'시간이 남으면 그 일을 해야지. 이 일도 끝내야겠군.'

　이런 경우 앞에서 말한 걸식형 예금과 같은 성격이므로, 시일이 아무리 오래 가더라도 무엇 하나 끝내지 못한다.

　도대체 시간이 남을 리 없다. 지금은 여유 있는 시대가 아니다. 시간에 대해서도 보람형 예금과 같은 사고 방식을 가질 필요가 있다.

　하루 24시간을 우선 외부에 맡겼다가 그 시간을 조금씩 찾아쓰면, 그야말로 귀중한 1분 1초로 여겨지지 않겠는가.

　보람형 예금이 일정한 저금인 것처럼, 하루 24시간 중에서 두 시간만이라도 일정하게 공제해 보면 생각보다 좋은 결과가 나온다. 때문에 시간 걸식형 인간은 아무런 쓸모가 없지만 보람형 인간은 이와 반대 현상으로 부각된다.

　남에게 일을 맡기려면 가장 바쁜 사람에게 의뢰하라는 말이 있다.

　바쁜 사람에게 일을 맡기면 바쁜 데도 불구하고 빨리 처리해 준다. 그야말로 얼마 되지 않는 월급에서 일정액을 저축하듯이, 몹시 분주하여 틈 없는 가운데서도 훌륭히 일을 처리한다. 그러므로 바쁘다는 것은 핑계가 안 된다.

　하루 24시간 중에서 두 시간을 일정하게 빼내 저축한다. 그렇게 하면 1년 365일 동안 730시간을 활용할 수 있다. 그러므로 어찌 되었든 시간은 절약되었다. 일정하게 빼낸 그 730시간의 사용 방법이 좋으냐 나쁘냐에 따라 그 사람의 성공과 실패가 결정되어진다. 이 사실만 알면 충분하다.

그 절반인 365시간에는 고전을 읽는다. 나머지 365시간에는 지인·우인과의 유대에 힘쓰고.

독서는 옛 사람들과의 대화라고 생각하는 게 좋다. 요컨대 자기 혼자 독선적이며 미성숙된 의견이나 결론을 내지 말고, 요즘 사람이나 옛 사람과의 대화에서 많은 가르침을 받아 충분히 검토하면 더 좋은 결론이 나올 게 틀림없지 않은가.

하루 24시간에서 어떻게 두 시간을 절약할 수 있을까.

① 수면 시간을 줄인다.

② 나가라조쿠(식사나 공부를 하면서 라디오·TV 등을 시청하는 사람)가 된다.

③ 시간 배분을 위해 꾸준히 노력한다.

이 세 가지 항목을 실천해 본다.

수면 시간을 줄이는 것은 생각만큼 쉬운 일이 아니다. 그러나 일찍 자고 일찍 일어나면 6시간 수면으로도 일상생활에 아무런 부족함이 없다.

나는 35년간 이렇게 실행해 왔으므로 자신 있게 얘기할 수 있다.

마음에 걱정스러운 일이나 맺힌 게 없기 때문에 일찍 잠자리에 들고 대신 깊은 숙면을 취한다. 완전히 숙면한다. 그리고 6시간이 경과하면 저절로 눈이 떠진다.

이에 곁들여 언제나 생각나는 사람은 오이시 요시오(1659~1703. 유학자)인데, 그는 저혈압 증세였음에 틀림없다고 생각한다.

그는 자리에서 일어난 뒤로 온전히 잠이 깨기까지 시간이 좀 걸렸다. 즉, 오랜 시간 멍하니 있었던 듯하다. 아니, 더 심하게 말한다면 저녁이 되어 등불이 켜질 때쯤에야 완전히 잠에서 깨어나 밤에만 제대로 활동했던 것 같다.

샐러리맨이 이 오이시 요시오처럼 행동한다면 실격이다.

또 나가라조쿠의 경우처럼 지하철이나 버스에서의 통근 시간을 활용한 방법도 있다. 이때는 전화에 의한 방해를 받지도 않고 뜻밖의 방문객도 없다. 그야말로 멋진 시간이다. 그러니 이 완전한 시간을 유용하게 사용하자.

이때는 독서를 한다. 자리를 잡지 못한 때에는 가벼운 내용의 책을 읽고, 자리에 앉은 경우에는 내용이 무거운 책을 읽는다.

이런 식으로 매일 수백 페이지씩 읽는다. 피로하고 졸릴 때는 조용히 자기도 하지만. 요컨대 지하철을 이용하면서도 다른 한 가지 일을 더 하므로, 이렇게 왕복 두 시간에 걸친 생활의 밀도는 대단히 높은 셈이다. 이로 보면 시간의 배분이란 곧 머리의 문제가 아니겠는가.

많은 일을 어떻게 다 처리하여 끝낼 수 있는가. 시간을 자기 나름대로 쪼갠다 해도 하루 24시간밖에 되지 않으니 매우 부족하다. 그렇지만 다행스럽게도 수면 시간을 두 시간 줄였기에 8시간 자는 사람에 비하면 하루가 26시간을 활용하는 셈이다.

어쨌든 인간은 인간과의 관계에서 승부를 결정짓는다. 아침부터 밤까지, 끊임없이 '인간과의 관계' 속에서 생활한다. 그래서 언제든지 먼저 상대방에 대해 생각하고, 자신에 대한 것은 뒤로 미루도록 힘쓴다. 이것은 대인 관계에서 필요 불가결한 요소이다.

동물들에게는 불가능한, 오직 인간만이 할 수 있는 이 기본 윤리,

이 근본 도덕은 꼭 지켜져야 한다.

45
번개처럼 돈을 쓰지 않는다

번개 같은 돈이라고, 사람들은 말한다.

그들은 월급을 받자마자 월부금 지불이다 외상 술값이다 뭐다 해서 순식간에 다 털어 버리게 되어, 다음 월급날까지 다시 외상으로 살지 않으면 안 된다.

아무리 크레디트의 세계에 살고 있다지만 한 달에 겨우 한 번 현금이 반짝 빛난다. 정말이지 '번개 같은 돈'이다.

미쓰비시 신탁은행의 간부들 중에, 지금은 은퇴했지만 머리 회전이 매우 빠른 대단한 수재가 있었다. 그 사람을 진짜 번개형 인간이라고 얘기해도 틀린 말은 아닐 것이다.

사무실에 들어오면서 시작되는 쨍쨍한 목소리 —— 무슨 명령을 내리나 보다고 생각하는 순간 그는 벌써 밖으로 나가버린다. 일에 열중해 있던 사원들은 그 간부의 목소리만 들었지 모습은 보지 못했다. 킥

킥거리며 모두들 웃어댄다. 번개 같다는 것은 바로 그런 사람을 가리 킨 말이 아닐까.

그런 태도는 평범한 사원에게는 어울리지 않는다.

번개같이 월급을 몽땅 없애는 것도 곤란하지만, 번개형 인간처럼 자기가 할 말만을 얼른 해 버리고 사라져 버리는 태도도 곤란하다.

머리 좋다고 아무리 주위에서 칭찬받는 사람이라 하더라도 이와 같이 자기가 할 일만 하고 번개처럼 사라져 버리면 둔감한 평사원은 미처 친숙할 기회조차 없다.

인간 관계는 예리한 칼날로 끊는 것이 아니다. 전보 전문처럼 짧은 말로써 아랫사람에게 이해를 구하는 것은 무리라고 말할 수밖에 없다.

이때 주의할 점이 있다. 비록 상대방이 그와 같은 행동을 하더라도 이해할 수 없는 자신의 둔감은 젖혀놓고 번개형의 상대방만 비방하는 타입의 속성이다.

돈이 번개처럼 사라지는 것은 자신의 무분별 때문인데도 아무런 부끄럼 없이 월급이 적은 탓이라고 자꾸 불만스럽게 여기는 경우와 마찬가지이다. 월급에 대해 불평할 뿐 자신의 부족한 값어치는 생각지 않는 어리석은 사람.

번개 같은 돈을 받는 샐러리맨들이여, 월급을 받으면 적어도 사흘은 손 들고 있어라. 며칠 동안은 수중에 남아 있도록 우선 노력하라.

입으로 지시나 명령을 내린다면 꼭 한두 마디 취지에 대한 설명을 첨가하든가 질문을 받아들이도록 하고, 윗사람과 아랫사람 간의 대화의 여유와 애정을 갖도록 하라. 그런 기회도 없다면 윗사람이나 아랫사람과 이야기할 기회는 영영 없어지게 된다.

46
화장에 월급 날리는 여자 없다

여자들도 여자들끼리 그룹을 만든다.

지금으로부터 7, 8년 전 당시 나는 미키모도(1858~1954. 진주 양식가)의 진주 양식 회사 상무로 일하고 있었다.

토바에 있는 공장에는 여자에게 적합한 일이 많기 때문에 수백 명의 여자가 있었다. 진주를 선별하거나 구멍 뚫기, 실 꿰기 등 시력 좋은 여자들에게 맞는 일이면서 또한 성실을 필요로 하는 작업이었다. 끈기와 인내력도 필요하기 때문에, 근면과 태만의 차이가 작업 결과에 그대로 나타난다.

그리고 진주 양식 현장에서는 조개의 입을 벌리든가 진주의 간장과 자궁 옆으로 핵입(劾入)하는 것도 여자가 할 일이다. 이 일은 높은 숙련이 필요했다.

근면한 사람들에게 조금이라도 도움을 주려는 생각에서 어느 해 4

월의 봉급 인상 때 전체 인원의 약 10% 정도에게는 인상 액수 이외에 1백 엔을 더 주었다.

하지만 결과가 좋지 않았기 때문에 그 계획은 곧 취소할 수 밖에 없었다. 다른 여자와 차이를 두면 곤란하다고 오히려 인상 액수가 많은 여자들이 반대했다.

이들 중에는 같은 동네에서 태어난 7명의 아이들이 중학 졸업과 동시에 함께 입사한 적이 있었다. 그 7명은 줄곧 같은 월급과 같은 보너스로 사이 좋게 지내는데, 이제 1백 엔이라도 차이가 생겨서는 좋지 않다고 그 중 한 여자가 말했다. 자란 동네에서 곧 화젯거리가 될 뿐 아니라, 추가로 1백 엔을 받지 못하는 여자는 제대로 시집도 가지 못한다고 덧붙였다.

일부러 말썽을 일으키고 싶어 1백 엔을 더 해 주었던 것은 아니다. 기껏 좋게 해 보려던 것이 뜻밖에 나쁜 결과를 빚었으므로 곧 취소했다.

'어차피' 진급은 할 수 없다고 생각했기 때문이었을까, '굳이' 같은 봉급으로 사이 좋게 그리고 평범하게 지내고 싶었기 때문이었을까.

이같은 경우는 지금도 어느 사업장에서나 흔히 일어나고 있다고 한다. 이로 보면, 모범 여성이라고 해서 급료로써 보상하려 하면 사태가 다른 방향으로 흐르기 쉽다. '모두 똑같게 해 주십시오' 이렇게 말할지도 모른다.

일본인들은 원리 원칙보다는 '인간적 유대' 쪽에 무게를 둔다. 특히 여성의 경우에는 더 심하다. 그녀들이 '공통된 관심'에 의해 묶여지는 집단이라는 점을 반드시 잊어서는 안 된다.

이 '집단주의 본능'에는 사실이지 파벌성도 들어 있다. 즉 여성이라는 파벌이다.

이 커다란 파벌은 작은 파벌로 나뉘어지고, 다시 작은 그룹으로 세분되는 경향을 가지고 있다. 특히 이 파벌은 어느 순간 폭발하게 되면 제대로 수습되지 않는 성질도 보인다.

여성은 감정에 쉽게 치우치기 쉬우므로 교섭하는 도중에라도 이제는 자신이 물러서야 할 때라는 판단을 스스로 내리지 못하게 된다. 그래서 광란 상태로 격화되어 과격해진다.

학생 운동의 경우, 여학생이 날뛰면 그 해결이 더욱 모호해지는 경우가 많다. 여자 대학 분쟁에서는 이런 특색이 현저히 나타난다. 때문에 여자를 작업 현장에 고용하고 있을 때는 이런 여성 특유의 경향을 잘 알아 두지 않으면 안 된다.

도쿄에 많은 눈이 내린 어느 해 아침. 대부분 상점이 문을 닫았고 문을 열었다고 해도 점원들은 아예 출근하지 않았는데 긴자의 미키모토 진주 상점에는 여자 점원들이 거의 나와 있었다.

마침 그곳에 다이아몬드 회사를 취재하던 예민한 기자가 있었는데, 여성들도 책임 있는 일을 맡고 있으면 아무리 큰 눈이 내렸더라도 그런 것에는 관계없이 확실하게 출근한다는 사실을, 많은 시간이 흐른 지금도 기억하고 있었다.

나는 그 무렵 미키모토의 상무이면서 노무 관계도 담당하고 있었기에, 큰 눈과 사원들의 출근 상황을 파악하는 것이 직무상 당연한 일이었다.

그럼에도 불구하고 나는 그러한 사실을 까맣게 잊었다. 대신 그 눈

많이 내린 날 때문에 분명히 기억하는 일이 한 가지 있다.
그날 오후, 나는 도쿄 건설회사의 스즈키 상무를 방문했다. 건설 관계 납품건을 승낙받기 위해서였다.

그를 만나러 가면서도 사실이지 큰 기대는 걸지 않았다. 이미 서너 번 퇴짜를 맞았기 때문이다. 그런데 스즈키 상무는 자리에서 일어나 반갑게 맞기까지 했다.

"오늘 날씨가 좋았더라면 골프장에 갔을 겁니다. 그러나 저렇게 많은 눈이 내렸기 때문에 갇혀 있었는데……."

마침 아무 예정도 없이 언제나 바빠 분초를 다투며 돌아다니던 그 샐러리맨이 그날은 아주 차분해져서, 내가 자리에서 일어나 돌아가려 하는 것도 만류하는 등, 여러 가지로 업무상의 요담을 진행할 수 있었다.

많은 눈이 내린다든가 산사태가 나거나 큰 비가 올 때가 오히려 세일즈맨에게는 아주 멋진 기회이다. 부디 용기를 내서 상대방을 방문해 보라.

이때는 상대편도 한가해져서 면회도 하기 쉽다. 아니, 이렇게 많은 눈이 내렸는데도 찾아오는 열성스러운 세일즈맨이 있구나 하고 호감마저 갖게 될 것이다.

많은 눈이 내리는 이상 기후일 때는 평소에 불가능하던 관찰도 가능해진다.

같은 여사원이면서도 미키모토의 여사원은 아침 일찍 출근한 반면 다른 상점의 여사원들은 왜 출근하지 않았을까. 아마 책임있는 일을 분담시키지 않았기 때문이었을 것이다.

여자를 '남자의 반밖에 일하지 못하는 인간'으로 취급해서는 안 된다. 책임을 분담시킨다면 여자도 미덥게 일을 해낸다.

여성이라는 파벌이 여성끼리 생각하거나 반성하거나 자기 연수, 상호 훈련 등으로 큰 성과를 올리고 있는 어느 학습회에 강사로 나간 적이 있다.

결과적으로 이 학습회는 성공했다. 남자가 이해하기 어려울지 모르지만, 실로 큰 성과가 있었다. 물론 3일간 숙식을 같이 하면서도 외부 인사의 강연이라고는 겨우 약 1시간 반 정도의 내 강연뿐이었지만. 계획도 실천도 여성들이 주최, 주도한 모임이었다.

이 학습회는 휴가를 얻거나 휴일을 이용한 자발적인 모임이었으나 한 사람도 지각이나 결근이 없었다. 효과가 매우 크므로 주최측 책임자는 내게 커다란 성과가 있었다는 얘기를 여러 번 했다.

백화점 같은 곳에는 여자 점원이 남자보다 훨씬 많다. 그들이 자기 연수를 위해 해마다 행하는 회사 수련회에 한 사람도 빠지지 않고 참석한다는 사실과 그 성과에는 모두 주목해야 한다.

이제 유교적인 전통은 완전히 단절되었다. 새삼스럽지만 여성의 우수성을 솔직하게 인정하며 서로 협동해 나갈 때 모든 일은 그처럼 훌륭하게 이루어질 수 있다. 여성의 가능성을 재인식해야 할 것이다. 또한 이세탄 회사에 아르바이트하러 갔던 여자 대학생들이 엄격한 근로 조건에 오히려 매료되어 이세탄의 팬이 되어 버린 예도 있다.

오사카 상인의 아내들은 훌륭했다. 그녀들의 내조가 없었던들 지금의 오사카 상인에 대한 평가는 없을 것이다. 또한 현대 여성들도 훌륭하다. 그와 같은 사실을 발견하지 못하고는 여성을 고용하지 못한다.

여성은 직장의 꽃이 아니다. 눈물과 묵비권을 무기로 삼는 일도 이젠 없어졌다.

일은 적당히 하고 휴가는 충분히 얻는 게 여성이 아니다. 옷과 화장에 월급의 태반을 쓰는 일도 없다.

지금은 자기 노력에 심혈을 기울인다. 능력 개발과 함께 의욕과 능력과 자신을 함께 보여 주고 있다.

47
일곱 명으로 돈 번다

7명이 단결했을 때 그 힘은 무척 강하다.

7명이 단결해서 일을 멋있게 해낸 경험이 있다.

지금은 미쓰비시 신탁은행이 사원을 1만 명 이상 거느린 대기업이지만, 32년 전에는 보잘것없는 작은 은행이었다.

사람이 부족하기 때문에 대학 졸업자를 한 번에 백여 명 가까이 채용하지 않으면 안 될 정도로 크게 성장했지만, 그 무렵 본점 영업부에서 예금 유치 담당 차장이던 나는 사원 휴대용 수첩 제작마저 계획해야 했다.

어떻게든 기억하지 않으면 안 될 숫자가 너무 많았다. 아무리 머리가 좋다고 하더라도 제대로 다 기억할 수 없는 그런 수치들이었다.

쩔쩔매던 어느 날, 나는 수첩에 기재해 휴대케 하면 좋겠다는 안건을 제시했다. 위에서도 좋다고 하면서 그 일을 내게 맡겼다. 바쁜 매일의 업무 외에 또 사원용 수첩까지 만들어야 했으므로 다시 인원을 보충시켜 달라고 했다. 그리하여 특근도 사양하지 않겠다는 젊은 사원들 '6명'이 내게 왔다.

7명은 단결하기에 좋다. 힘을 합치는 데는 7명이 좋다. 일을 분담하는 데에도 7명이 좋다. 뭔가를 장악하거나 지휘 통솔에도 7명이 좋다. 사이 좋게 지낼 수 있는 것도 7명 정도이다.

너무 사람이 적으면 전횡, 횡포로 기울게 되고 내부적인 화합도 이루어지지 못한다.

예금 유치 부서에서 그 젊은 7명은 단결했다. 그리고 바쁜 가운데도 틈틈이 만든 수첩이 전체 사원을 위한 필수품으로 배포되었다. 그것은 지금도 훌륭히 활용되고 있다.

눈에 보이는 형태로 아직까지 남아 있는 사원 필수 수첩. 젊은 사원들 간의 격려, 계발, 협조, 성장은 자못 훌륭했다. 그리고 누구 한사람도 낙오되지 않았다. 그들은 증권 회사 사장, 은행장, 신용금고 이사장, 은행 감독원 감사 등 아직도 훌륭히 활약 중이다. 그 훌륭한 6명과 나머지 1명인 나는 이렇게 여기에 있다.

이와 관련해서 생각나는 인물이 있다. 호죠 소운(1432~1519) 스님이다. 59세에 속세를 떠나 입도하여 소운이란 호를 짓고 승려가 되었다.

그의 모습이 남의 눈에 별로 거슬리지 않는 승려이기에 이즈에 가서 때가 이르자 깃발을 올리고 간토의 풍운을 일으켰다.

그러나 나는 그 사건을 얘기하는 게 아니다. 그때 소운을 중심으로 뭉친 인물은 그를 포함한 7인이었다. 그 7명은 무슨 일이 있어도 불화를 낳지 않았다. 서로 도와 공명을 세우려 했다. 그들의 맹약은 참으로 굳었다.

　내가 일본에서 처음으로 기업 연금 신탁을 창설할 수 있었던 것은 미쓰비시 은행의 중역 중에서 그래도 앞을 보는 눈이 있어 결정을 내렸던 덕택이다.

　처음에는 겨우 3명이 그 연구를 시작했다. 1955년이었다. 현재 단위를 제대로 세기조차 힘들다는 미쓰비스 신탁은행 연금 신탁의 수탁 잔고. 격세지감이 느껴진다.

　3명으로 시작된 뒤 조금씩 참가자가 붙어나서 '연금 기획부' 라는 새로운 부서가 생겼는데, 그 성장 과정에서도 나는 언제나 '7명' 을 생각하고 있었다. 즉, 어느 한 사람이 완전히 장악할 수 있는 인원 수를 7명으로 생각한 것이었다. 업무, 성격, 가정, 경력, 승진 등에 관해 상세하고 정확하게 파악할 수 있는 사람을 7명이라고 생각했다.

　고작 7명밖에 장악할 수 없는 자신. 능력도 잘 모르고 있는 내가 어떻게 해서 급성장할 수 있는 새로운 부서를 통솔했던가 생각할 때마다 이 '7명'의 원칙론이 떠오른다.

　내가 맡았던 그 새로운 '연금' 부는 사람이 붙어남에 따라 2과로 분류되었다. 그리고 과의 인원이 붙어나자 한 과에 계가 2개씩 생겼다. 7명의 차장과 과장이 부 안에 여럿 생기게 되었다. 그래도 나 자신이 장악할 수 있었던 것은 7명의 차장과 과장이 고작이었다. 나머지는 과장들에게 '맡긴다' 고 해서 권한을 양도하게 되었다.

　'남에게 일을 맡기지 않고서는 보다 더 큰 일을 할 수 없다. 윗자리에 있는 사람이 할 일은 언제나 선견지명을 갖춘 목표 중심의 구상과 계획이다.'

나는 이러한 신념을 한시도 잊지 않았다.
나를 비롯한 최고 간부들은 이렇게 생각했다.
① 발상을 축으로 한 문제 제기
② 여러 가지 제안을 비교 검토하면서 가능성을 면밀히 조사한 다음 선택, 결정한다.
③ 기술적인 면과 함께 비용상의 가능성을 생각한다.
이것이 은행의 최고 간부들이 한 일이지만 어쨌든 가장 중요한 사항이다. 이에 의해 그 다음 간부들에게 권한을 넘기면 그 중간층에서는 다시금 여러 가지 일을 숙의한다.
① 여러 개의 안을 작성한다.
② 그 중에서 좋은 안건을 뽑아낸다.
③ 전략·계획을 수립한다.
전국 고교 야구대회에서 갑자기 유명해진 나카무라 고등학교. 그러나 그들은 우승팀이 아닌 준우승이었다. 멤버는 고작 12명. 보도에 의하면, 젊은 감독이 그 12명을 완전 장악하고 있었기에 준우승까지 훌륭히 오를 수 있었다고 한다. 이로 보아 인간을 있는 그대로 인정하도록 노력하고 실행하는 게 얼마나 중요한지 다시금 느낀다.
자기 생각만이 옳다고 여기는 요즘 사람들.
자기 마음에 들지 않을 경우 상대가 무조건 잘못되었다고 생각하는 사람이 많은 게 현실 아닌가.
좋고 나쁨의 감정을 자신의 고집과 혼동하는 사람이 비지니스 세계에는 대단히 많다. 이래서는 일이 잘 진척되지 못한다. 7명의 단결도 산산조각나게 되고, 적극적인 의견도 나오지 않는다.

제안을 1개밖에 작성하지 못하거나 더욱이 좋지도 나쁘지도 않은 그런 계획안을 작성했을 때 그것은 태만이다.

목표를 안전권 속에 두고, 잘못되더라도 자신에게는 해가 미치지 않도록 손을 쓰는 사람은 교활하다. 그들은 위험을 수반하는 대결, 창조적 대결을 피한다.

다시 말하지만, 그들의 지혜를 모으고 7명의 힘에 의지하면 보다 더 좋은 대안이 나오며 선택 역시 가능하다고 확신한다. 그러므로 '7명의 힘'을 적극 권하고 싶은 것이 내 체험에서 얻어진 결론이다.

48
사람으로 유지한다

옛 에도 시대 문서에 안세이 6년(1853년) 10월 15일자 챠카이(차를 마시는 모임) 기록이 있다. 그 첫 페이지는 다음과 같이 시작되었다.

'다도(茶道)는 귀로 전하고 눈으로 전하고 마음으로 전하는 것이지 글로서는 전혀 전하지 않는다.'

이때 '글로 전하지 않는다' 라는 데에 묘미가 있다.

옛날 상점에 가서 일하면, 처음에는 잔심부름이나 주위 청소나 시키고 업무 같은 것은 가르쳐 주지 않는다. 결국은 눈치껏 보고 흉내내며 스스로 터득해 가는 수밖에 없었다.

'질문은 하지 말라. 그저 배워라.'

활쏘기를 배울 경우

'쏘는 것은 쏘지 않을 것' '화살 없이 쏠 것.'

이렇게 가르친 궁도(弓道)의 극단적인 경지와 이 '글로 전하지 않는다' 는 것과는 무언가 상통하는 것이 있다.
 업무에 있어서도 역시 직접 가르침을 받지 않는 형식으로 자신이 스스로 깨달아 가는 시대였다.
 형식이라고 말하면 그런 정도이지만, 생활 질서는 사실 오랜 전통 속에서 다듬어졌다. 그 관습에 곁들여 적당하게 규칙을 지켜야 했다.
 규칙은 엄격한 예의 범절을 수반한다. 그러므로 매일매일 정진을 쌓아 올리는 것이 필요했다.
 사계절을 가로줄로 구분하면 연중 행사는 세로줄이 된다. 그 가로줄과 세로줄에 의해 교토 기온(옛 일본의 유흥가)의 생활이 짜여지고, 형식적인 듯하면서 훌륭한 전통이 이루어진다.
 상점이나 회사에도 가로줄이거나 세로줄로 되는 게 각기 있어서, 그 상점이나 회사의 역사와 전통이 이어진다.
 이때 가장 중요한 몫을 하는 게 일이다. 가로와 세로로 나뉘어 전통이 이어지는 바탕이 바로 일이기 때문이다.
 그리고 '혼자서는 일을 처리하지 못하겠으므로 도와 준다' 는 것이 분담이며, 그것이 조직의 시초가 아닐까.
 가로줄과 세로줄의 관계를 어떻게 이용하느냐에 따라 부하든 상사든 즐겁게 일할 수 있다.
 시간이 지남에 따라 상점 주인이 할 일은 많아지기 때문에, 아내 한 사람의 도움만으로는 충분하지 않았다. 그러므로 저 아라비아에서처럼 아내를 4명쯤 거느릴 수 있으면 좋겠다고 생각하는 사람도 오사카 상인 중에서는 있었던 모양이다.
 물론 농담이겠지만, 자연 발생적인 기능 분화 즉 서로 돕는 분화가 조직의 시초가 되었다.

스이코 천황(554~628) 11년에 발표된 '관위 12계(階)'는 정치 조직에 대한 첫 규정이다.

색깔로 구분된 모자와 의복에 의해 어느 쪽이 더 높은가, 또는 저 사람은 무슨 일을 하는가를 곧 알 수 있게 한 제도였다.

가로와 세로로 전개, 통제되는 사회. 가로의 관계에서는 서로 돕고, 세로의 관계에서는 상관의 명령에 따라 충실하게 일한다.

그런데 이 관위 12계 제도가 발표된 다음 달에 나온 17개조 헌법의 제1조에는 '화(和)로써 귀해진다'라고 되어 있다. 이로 보아 당시에도 가장 중요한 것이 사실은 '화'였던 모양이다.

'화' 없이는 가로도 세로도 비스듬함도 있을 수 없다는 말이 아닐까.

'화'는 마음이었다. 아무리 조직이 빈틈없어도 결국은 사람의 '마음'으로 돌아간다는 생각이 흥미롭다.

제1조는 다음과 같이 계속되었다.

'……화로써 귀해지나니, 거스르는 일이 없음을 제1로 생각하라. 상화(上和)하고 하목(下睦)하고 일을 이치에 맞게 하면 사리 스스로 통하고 무슨 일이건 이루어지지 않음이 없나니라.'

그러므로 화(和)의 마음을 잊지 않아야겠다.

49
어깨동무 동업자

 '조직'이라는 말의 한자를 풀어 보면 '꼰다(組)'와 '짠다(織)'로 되어 있다.
 '꼰다'는 것은 예를 들어 세 개의 끈을 한데 모아 꼬게 되면 어느 끈이건 다 비스듬하게 꼬아진 상태가 되므로 '비스듬'한 관계에 놓인다.
 그리고 '짠다'는 것은 재료가 실일 때에는 가로 실과 세로 실의 두 개를 나타내므로 가로와 세로의 관계라고 생각된다.
 이를 종합하면 가로세로 모두 비스듬한 전부의 관계를 의미한다.
 옛날 에도의 어떤 작은 동리 안쪽으로 공동 우물이 있고, 그 막다른 집에 여러 세대가 살고 있었다. 세 든 사람 중에는 고오다(장단에 맞추어 부르는 짧은 노래) 기생과 목수, 미장이가 있었다.
 모든 사람들이 모여 얘기하는 우물가는 이들의 회의 장소이기도 했다. 여러 가지 일에 대해 그들은 이곳에서 상의했으며, 그 결론을 주인에게 말했다. 이때 집 주인의 태도는 참으로 뛰어났다.

  에도의 옛 문서는 주인의 얘기를 이렇게 적어 놓았다.

  '참으로 이 사람들은 바쁘게 생활하고 있어. 그렇지만 무슨 일이든 조금이라도 자기와 관계가 있다면 서로가 충분히 생각하고 검토한 다음 내게 말하므로 그들 얘기에 공감하지 않은 적이 없지. 그 이상 더 좋은 의견은 나오지 않을 거야.'

  내 집안은 겐로구 시대를 조금 지난 뒤부터 오사카의 기타하마에서 창고업을 운영하여 성공해서 다이묘 상대의 돈놀이 등도 했지만, 메이지 시대에 와서는 국립 제32은행을 설립하기에 이르렀다.

  이때 선조들은 창고업을 할 때나 돈놀이 등을 할 때에도 그들 업종끼리의 관계에 무척 신경을 썼다는 사실이 옛 문서 여기저기에서 엿볼 수 있다. 동업자로서의 가로와 세로의 관계에 무척 큰 의미를 두었다.

  현대에 와서도 마찬가지로 동업이란 곧 경쟁 상대이다. 영업 실적을 다투는 점에서 포목상이나 타타미 야상(타타미는 짚을 속에 넣은 돗자리, 타타미 야상은 그 장사) 등을 경쟁 상대로 삼는 일은 없었다. 어디까지나 동업인과의 경쟁이었다.

  일찍이 중국에는 '행(行)'이란 단체가 있었다. 동업으로서 사이 좋게 지내기 위한 조직인데, '개(個)'를 지키기도 했다. 마찬가지로 오사카에서는 도쿠가와 시대 '카부 나카마'라고 불리운 동업 조직을 만들어 서로 결속해서 외부의 공격에 맞대응했다.

  '개'라는 단독은 제멋대로 행동하기 쉽다. 자유로운 듯하면서도 그렇지 못하며, 외부의 공격이 있을 때에는 혼자서는 제대로 방어하기도 어렵다. 그러므로 동업자끼리 손을 잡고 하나가 되어 그들 스스로를 방어하지 않으면 안 되었다. 즉, 가로의 조직이 필요했다.

  식품업은 같은 식품업끼리, 백화점은 같은 백화점끼리, 슈퍼마켓은 같은 슈퍼마켓끼리 손잡고 있는 지금의 조직은 그 필요성이 옛부터 시작되었다.

  동업 조합적인 성격의 조직은 어느 곳에나 있다. 때로 관청과의 연락 모체가 되고, 때로는 공동의 이해를 위해 달리 활용되기도 한다.

  가로 관계의 동업자들은 반드시 평소부터 사이 좋게 지내지 않으면 안 된다. 자칫하면 바로 이웃간이므로 싸우기도 쉽지만, 사실 동업자끼리 사이 좋게 지내지 못하면 사업상의 발전도 있을 수 없다.

  그러면서도 경쟁해야 하는 관계인 만큼, 그 경쟁은 아무리 치열해지더라도 좋지 않을까. 그만큼 발전할 테니.

50
스태프를 훌륭하게 이용한다

중소기업의 경영자는 스태프를 잘 이용할 필요가 있다. 옛부터 명장으로 불린 사람들은 모두 스태프를 제대로 이용할 줄 아는 사람들이었다.

스태프는 스페셜리스트 스태프와 브레인 스태프로 나뉜다.

스페셜리스트 스태프는 인사, 노무, 경리, 기술 등 전문적인 분야에서 전문적인 지식과 기술로써 경영자를 보좌하는 조직으로, 일반적으로 기업이 경영과 관리 체제를 확립해 나가는 동안에 자연히 정비되어 그 이용 방법도 점차 능숙해진다.

이에 반해서 기업의 전략이나 큰 계획의 입안 등에 관해 경영자를 보좌하는 브레인 스태프는 그다지 정비되어 있지 않으며 또한 그 이용 방법도 아직은 서투르다. 이유는 브레인 스태프에 알맞는 적당한 사람이나 그 방면에 깊이 있게 아는 사람을 구하기 힘들다는 점이 있다.

　더불어 경영자가 브레인 스태프를 아직은 그다지 필요로 하지 않으며, 또한 스태프를 두더라도 활용하지 않는다는 점이 이 제도의 발달을 저해하는 원인이다.

　물론 경영자가 군대의 사령관과는 달리 반드시 참모를 두어야 한다는 법도 없다.

　브레인 스태프를 두느냐 두지 않느냐의 여부는 오직 경영자의 판단에 맡길 수밖에 없다. 그러나 기업이 아주 작을 경우에는 할 수 없다고 하더라도 조금씩 커지고 또한 크게 발전시키려 한다면 어떤 성격의 종류이든 브레인 스태프를 두어야 한다.

　이럴 경우, 스태프는 회사 밖이라도 무방하다. 일단 유사시에 경영자가 진실로 의지할 수 있는 인물이 될 수 있는 한 많다면 그것만으로도 좋다.

　"스태프 따위는 필요 없어. 내 오랫동안의 경험과 육감이면 충분해."

　이렇게 말하는 경영자가 의외로 우리 주위에는 많다.

　사람들은 다른 사람이 먼저 말하거나 착수한 것은 특별한 사항이 없는 한 그저 순순히 받아들이려 하지 않는다. 대부분의 경우 자신이 생각한 대로 해나가겠다는 식의 자기 나름의 방법을 고집한다.

　중소기업의 경영자는 이러한 자기 주장이 강하다. 물론 이것은 이것대로 좋은 점도 있다. 그러나 자기 주장이 언제까지나 통하지는 않는다. 특히 오늘날과 같이 환경의 변화가 어지러울 정도로 심할 때에는 자기 주장만으로는 위험하다. 될 수 있는 한 다른 사람의 의견을 듣고 지혜를 얻어 대국을 그르치지 않는 마음의 자세가 필요하다.
 특히 정보에 밝으려면 아무래도 전문적인 스태프가 필요하다.
 정보는 부하로부터의 보고에만 의존할 수 없으며 또한 수집된 정보의 진위와 정확도, 실체를 확인하기 위해서는 전문적인 조사원이 필요하다.
 스태프가 된 이상 사령관이나 경영자의 의견을 충분히 받아들이고 인간적으로 통해야 한다는 것은 말할 나위도 없다. 그렇다고 여기에만 의존한다면 스태프나 경영자는 발전하지 못한다.
 스태프가 경영자 밑에 오래 있다 보면 이를 배경으로 직권을 남용하거나 경영자가 거꾸로 스태프의 의견만 따르려 하는 등, 작지만 불합리한 일도 생기게 마련이다.
 라인과 스태프는 인간보다는 문제와 목표에 관점을 일치하는 관계이다. 즉, 경영자가 지니고 있는 문제나 제시하는 목표가 크냐 작으냐에 따라 스태프의 활용도가 높아지거나 낮아지는 셈이다. 바꾸어 말하면 경영자가 브레인 스태프를 유효하게 이용하거나 최대한의 성과를 올리려 생각한다면 문제의식과 목표를 크게 제시해야 한다.
 얼마 안 되는 경험과 육감에 얽매어 작은 성과에 만족하려는 경영자에게는 처음부터 브레인 스태프 자체가 필요 없겠지만.

51
상과 벌은 엄격히 구별해

오사카 상인들의 점원에 대한 상과 벌은 대단히 엄중했다. 상에 대해서는 일생을 책임질 정도로 뒷받침했지만 벌은 그 즉시 추궁했다.

싹이 트기 전에 가능성이 없다고 생각되면 잘라버렸다.

그렇다면 현대는 어떻게 해야 하는가.

사원이나 종업원을 적극적, 공격적인 사람으로 만들려면 상벌을 엄정히 할 필요가 있다. 특히 주의해야 할 점은 다음의 일곱 가지이다.

① 보조를 중시한다

어떤 일이든 혼자서는 할 수 없는 것이 세상 일이다. 특히 모든 일이 조직적으로 운영되는 기업에서는 더욱 그렇다. 따라서 어느 한 사람이 무슨 특별한 공적을 올렸을 경우, 경영자는 그 한 사람만 표창할 것이 아니라 그 사람이 공적을 올리는 데 협조한 다른 사람들도 표창

할 필요가 있다.

② 업무는 될 수 있는 대로 분할한다

업무를 알맞게 나누면 오히려 능률이 떨어진다고 생각하는 경영자가 많은데 이것은 잘못된 생각이다.

업무는 될 수 있는 대로 확실히 분할하는 편이 능률도 오르고 그 업적 평가도 확실해진다.

③ 약속을 한다

거래와 마찬가지로 업무에도 약속이 필요하다. 약속이 없으면 능률이나 책임이 애매해지며, 업무를 수행하는 사람도 의욕을 잃게 된다.

④ 보통 사람과 똑같이 노력하도록 한다

상벌의 목적은 기업 내의 사원들로 하여금 다른 사람보다 훨씬 일을 잘 하도록 동기를 부여하는 데 있다. 그러나 오늘날에 있어서 목적이 이것뿐이라면 설득력이 약하다. 다른 사람보다 훨씬 일을 잘 하려고 노력하는 사람보다는 오히려 뒤지지 않으려고 애쓰는 사람이 많기 때문이다.

이러한 타인 지향형의 노력은 얼핏 보아서는 눈에 잘 띄지 않는다. 오히려 남의 뒤만 쫓으려는 게 아닌가 하는 것처럼 생각된다. 그러나 이 역시 노력에는 틀림없다.

그 노력을 당연한 것으로 생각하거나 오히려 미흡하다고 가볍게 평가하는 게 큰 잘못이다.

이때는 타인 지향형의 노력을 높이 평가함으로써 기업 전체로의 수준도 높이는 데 도움이 된다는 사실을 알아야 한다. 팀 성적을 서서히 올림으로써 전체의 힘을 그 수준까지 끌어 올릴 수 있는 기반이 된다.

⑤ 다른 사람의 공을 빼앗지 않는다

인간으로서 가장 불쾌한 것은 자기의 공을 남에게 빼앗기는 일이다. 상벌을 엄정히 하려면 이러한 일이 없도록 해야 한다.

관련 회사로 전출되어 실컷 고생한 결과, 이 회사의 경영을 흑자로 만들자마자 본사로부터 새로운 경영자가 오고 대신 자기는 다른 회사로 쫓겨났다는 이야기도 있다. 이러한 일이 계속되는 한 진정한 상벌은 불가능하다.

⑥ 상과 발탁을 함께 생각한다

상을 주는 대신 발탁하는 경우가 있는데, 이것은 한번 생각해 볼 만한 문제이다. 무리하게 발탁했기 때문에 두고두고 난처해지는 경우가 많기 때문이다.

발탁하려면 본인에게 그만한 능력이 있는지 없는지를 잘 알아볼 필요가 있다. 이에 대해 상은 본인이 한 일에 대해서 주는 것이므로 결과가 간단하다.

상은 한번 주면 그것으로 그치지만 발탁은 나중에까지 영향이 미친다. 상은 가볍게 그러나 기분 좋게 주어도 좋지만 발탁은 신중을 기해야 한다.

⑦ 원한을 사지 않는다

우리들이 가장 조심해야 할 일은 경솔하게 일을 처리한 결과 원한을 사는 경우이다.

상대방이 뒤에 숨어 원망하는 말을 들었을 때 경영자는 황당할 수밖에 없다.

벌을 주거나 면직시키더라도 능숙하게 하면 상대방의 원한을 사지 않아도 되었는데.

잘못된 행동으로 벌을 주어야만 할 경우, 다음의 예를 생각해 보면 충분히 이해될 것이다.

'자네가 한 일은 모두 나쁘다.'

이런 식으로 무조건 비판하는 것은 좋지 않다. 처음부터 악의를 가지고 저지른 일은 별문제이지만 잘 해 보려고 하는 경우가 대부분이다. 그럼에도 불구하고 이 모두를 부정하는 것은 올바른 태도가 아니다.

대부분의 경우 실수가 일을 실패하도록 만든 것이므로 상대방에게 그 점을 확실히 시인하도록 해야 한다. 상대방이 한 일이 모두 나쁘다는 게 아니라, 다른 것은 다 좋았는데 한 가지 잘못 때문에 결과가 나쁘게 나타났다는 사실만을 알리면 된다.

그러면 아무리 고집 센 사람이라도 자기의 잘못을 시인하게 마련이다.

상대방이 한 일을 분석하여 그 잘못을 정확하게 지적해 준다. 이것이야말로 원한을 사지 않는 최선의 방법이다.

이로써 보면 오사카 상인들의 행동에서는 지금도 배울 게 너무나 많다.

52
물 흐르듯 승부한다

'흐르는 물은 앞을 다투지 않는다'는 말이 있다.
 뒤이어 흐르는 물은 앞을 흐르는 물을 따라 넘지 않는다. 스스로 앞뒤의 질서가 있어서, 아무리 빨리 흘러도 그 질서를 흐트러지게 하지 않는다.
 장사에도 이와 같이 '흐르는 물'의 정신이 중요하다. 상업이란 물의 흐름과도 같은 것이기 때문이다.
 이에 반하여 제조업은 육상의 도로를 차로 달리는 것과도 같다.
 물의 흐름과 도로를 자동차로 달리는 것에는 차이가 있다. 도로에서는 추월이 가능하지만 물의 흐름에서는 따라잡기가 불가능하다.
 경쟁이란 서로 앞질렀다 처졌다 하지만 이것은 육상에서 하는 경쟁이지 물의 경우에는 해당되지 않는다. 따라서 물의 경쟁은 레이스형이 아닌 경기형, 경연형이다. 제각기의 물이 이 자리 저 자리에서 독

자성을 발휘한다. 빠르냐 느리냐는 문제가 아니다. 또한 힘이 강하냐 약하냐 역시 문제되지 않는다.

승패의 갈림길도 마찬가지이다. 독창성이 있느냐 없느냐에 따라 좌우된다. 독창성이 있는 한 늦거나 힘이 약하더라도 그 나름으로 승리의 트로피를 받을 수 있다.

이것이 물에서의 경쟁이며 상업의 경쟁이다.

이에 반해 제조업의 경쟁은 레이스형이다. 빨리 달리지 못하면 뒤늦게 떠난 자에게도 따라 잡히고 만다.

제조업이 육상의 달리는 형태 같다는 것은 생산이 시스템화 되어 있고 그 시스템은 누구라도 흉내낼 수 있기 때문이다. 예를 들어 공장의 시스템이나 설치된 기계를 흉내내려면 얼마든지 할 수 있다.

따라서 경쟁 요인은 시스템 그 자체가 아니라 조직이 빨랐느냐 늦었느냐(시간), 시스템이 같을 경우에는 그 규모가 크냐 작으냐(능력)의 둘 중 하나이다.

상업이 물의 흐름과 같다는 것은 상업에는 이와 같이 고정적이며 흉내낼 수 있는 시스템이 없기 때문이다. 상업에서 승부를 결정하는 것은 상인 각자의 연구와 재능, 그리고 근성뿐이니까.

뿐만 아니라 상업에서는 모든 것이 자연의 이치에 따라 이루어지는 특성이 있다. 말하자면 물이 높은 곳에서 낮은 곳으로 흐르듯, 상업도 자연의 이치에 따라 흐른다.

정직하고 친절한 상점에는 손님이 모여든다. 부당한 가격은 거부당하고 합리적인 가격은 받아들여진다. 가짜 역시 오래 가지 못한다. 무리한 상품의 차별화, 부당한 노동력 착취, 유사품의 제조, 권위주의적이거나 강제적인 유통 구조는 손님들을 멀어지게 한다.

 그래도 이 모든 형태가 지금 우리 주위에서 무리가 그다지 심하지 않고 어느 정도의 선에서 머무르는 것은 앞서거니 뒤서거니 하는 자유 경쟁이 있기 때문이다.

 상업과 제조업은 그 기업적인 성격이 이처럼 판이하게 다르다. 상업에 종사하는 한 이 차이를 잊지 말아야 한다.

 요즘의 상업은 흔히 제조업의 요령을 본받으려 한다. 도로를 달리는 방법으로 장사하려는 상점이 많다. 말하자면 흉내내기, 자연의 이치를 어기는 무리가 많다는 것이다. 욕심이 앞장서며 상점 경영과 공장 경영을 혼동하는 까닭이다.

 땅에 뛰어오른 개구리처럼 상업이 도로를 달리기 시작하면 상업의 가장 중요한 요소가 죽어버리고 만다. 죽을 힘을 다해 뛴다고 해도 개구리는 역시 물로 돌아가느니만 못하다.

 '흐르는 물은 앞을 다투지 않는다.'

 이 정신으로 돌아가 다시 시작해야 한다.

5

입이 돈을 벌게 한다

53
마음놓고 고르세요

폴리에스텔 양복은 주름이 잡히지 않으면서 가볍고 값도 싸다. 불에는 비록 약하지만 담배를 피우지 않는 사람에게는 대단히 좋은 상품이다.

어느 해 여름, 영국 도멜 사에서 나온 값비싼 옷감으로 양복을 지었으나 너무 아까운 생각이 들어서, 보통 때 입을 폴리에스텔 기성복을 샀다. 그 뒤 여분으로 바지를 한 벌 더 사고 싶어 하자백화점에서는 1층으로 오라고 했다.

그 말대로 1층에 갔더니 기성복 바지들이 산더미같이 있었다. 판매장 종업원은 허리 둘레만을 재어 보더니 '이것을 입으세요' 했다. 그러나 옷이 훨씬 컸으므로 수선을 맡기고 돌아왔다. 그리고 며칠 뒤 그 옷을 찾으러 백화점에 갔다.

그런데 집에서 입어 보니 허리 둘레는 맞지만 기장과 바지의 폭이 너무 길고 넓어 구두도 보이지 않았다. 흡사 판탈롱 같았다.

남에게 이야기 들은 대로 그 백화점에 전화를 걸어 사실 이야기를 했다. 그리고 해당되는 과(課)에 참고가 되도록 하기 위해 그 바지를 돌려 보내면서 대금은 이미 지불되었다고 말했다.

내자신도 부주의했기 때문이었다고 덧붙이면서.

그러나 바지를 여분으로 꼭 한 벌 사고 싶었기에 다시 그 판매장을 찾았다. 이번에는 신중하면서도 조심스럽게 여기저기 재 주었다.

"폭도 조금 줄여 드리겠습니다."

너무도 친절히 대해주므로 고맙게 생각하는 중인데 따라 왔던 사원이 곁에서 말했다.

"먼젓번 바지의 대금입니다."

하고 돈을 내놓았다.

책임자가 사과하지 않고 아랫사람을 통해 현금만을 불쑥 돌려 주므로 나는 무척 불쾌해졌다.

'대금을 돌려 주었으니 불만 있으면 다시는 우리 상점에 오지 마시오. 당신을 우리 백화점 고객으로 생각지 않습니다.'

마치 판사가 일방적으로 선고하는 것처럼 느껴졌다.

왜 책임자가 나서서 '죄송합니다' 하고 말하지 못하는 걸까.

나는 과거에 은행 지점장을 지낸 적이 있기에 '지점장이 할 일은 사죄하는 것이다'라고 항상 말하던 게 이때 생각났다. 손님에게 대금을 일방적으로 주는 행위가 고객을 잃고 있다는 사실을 백화점의 담당 책임자는 알고 있을까.

언제 어디서나 손님에 대한 서비스를 먼저 생각하는 장사가 아쉽다. 손님 쪽에서 '고맙다'고 인사하게 하는 풍토가 언제쯤 조성될까.

지든 이기든 언제나 상대방에 대해 생각하는 마음은 이루 말할 수 없이 아름답다.

어느 해 여름, 전국 고교 야구대회의 결승전은 마지막 9회 말에 PL학원이 역전승을 거둔 일대 열전이었다. 그리고 시합이 끝난 후, 역전타를 날린 PL학원의 5번 타자 야나기가와에게 고치 상업 고등학교의 유격수인 모리타가 무언가 건네주었다.

"네가 때렸던 볼이야."

그 신문 기사를 읽고 박수를 친 일이 있었다.

다 이긴 시합이 역전되어 우승을 빼앗긴 처지에서 그 고오치 상고 선수가 취한 행동은 상인의 모범이 된다.

'언제나 상대방에 대해 생각한다.'

이야말로 누구나 머리 숙일 일이다. 그 선수들이야말로 장래의 성공이 이미 약속된 학생들이었다.

이와 반대로, 백화점의 넥타이 판매장만큼 편안치 않은 곳은 없다. 잠시 구경할 시간도 주지 않은 채 판매원은 곧장 말을 걸어 온다. 그렇지만 기분 좋게 구경하게 해 주는 판매장도 있다고 하니 함부로 험담만 늘어놓는 것도 좋지 않을 듯하다.

"만일 마음에 드시는 물건이 있으면 서슴지 마시고 말씀해 주세요."

적당히 거리를 두고 던지는 한 마디 말. 갑자기 기분이 좋아져서 유쾌하게 유유히 물건을 살펴볼 수 있는 여유.

내 가슴 속에는 양복 입은 아들과 사위의 모습이 갑자기 떠오른다. 언젠가 이탈리아 구찌 제의 멋진 넥타이를 두 개 골랐다.

한 개에 9천5백 엔이란 값은 확실히 비쌌지만 그래도 처음으로 여유 있게 백화점에서 넥타이를 고르게 되어, 쇼핑 한번 잘 했다고 생각한 적이 있었다.

적당히 떨어져 서서 물건을 고르게 하는 사람의 마음, 나와 함께 기뻐해 주던 그 판매장의 여점원.

억지로 떠안기는 식이 아니었던 까닭에, 비록 값이 비쌌으나 그런 생각을 할 겨를도 없이 기분 좋게 대금을 지불하고 있었다.

54
기다리면 돈이 온다

상인은 돈을 벌어야 한다. 벌어서 생계를 유지한다.

'무사의 집에 태어나면, 이미 군주를 위해 목숨을 버리지 않으면 안 된다는 사실을 알고 있는 이상 무도(武道)에 치우친다. 상인의 집에 태어나면, 돈벌이가 없으면 부모가 자식을 잘못 키운 것이 되는 이상 상도(商道)에 치우친다.'

오사카 상인들이 지금도 옛이야기 중에서 빠지지 않는 것이 바로 이 상인론(商人論)이다.

상인이 돈을 버는 것은 당연하다는 결론에 이르기까지, 에도 시대에도 이미 어느 정도 곡절이 있었던 모양이다.

상인에게 필요한 직감력이란 암산에 의해 곧 이윤을 알아내는 계산 능력과, 그것을 실현할 수 있는 기회를 포착하는 예지이다.

이태리의 르네상스 시대 상인들은 큰 고난을 겪었다. 그리고 이런 말을 남겼다.
 '상업에서는 자연적·인위적인 장벽의 돌파가 필요하다. 또한 그것을 뛰어넘으려는 인간에게는 특이한 능력도 필요하다. 그러므로 고생을 견디어 내는 정신이 가장 기본적인 요소로 요구된다. 진취적인 정신도 필요하다. 덧붙여 모험심과 담력과 용기와 결단력도 필요하다.'
 오사카 상인에게는 상인혼(商人魂)이 있었다. 특유의 고집이 있었다. 때문에 상인이 돈을 버는 것은 그만큼 당연했다.
 '장사'에서는 이익을 얻어야 하는 만큼 그것을 비도(非道)라고 말하는 것은 잘못이다. 그리고 얻어야 할 만큼의 이익을 얻는 것을 욕심이라고도 말하지 못한다. 값을 깎기도 하지만, 이 자체를 욕심이라고 말하지 못하듯이.
 장사에는 고생이 따르게 마련이다. 물론 오사카에서부터 시작된 것은 아니지만 상인은 고생을 마다하지 않고 위험을 무릅쓰면서 전국을 돌아다녔다.
 아무리 좋은 물건일지라도 가만히 앉아서 손님을 기다리고 있으면 팔리지 않는다. 적극적으로 물건을 팔러 다니지 않으면 안 된다. 먼 곳이든 위험한 곳이든 외딴 곳이든, 용기를 내어 찾아가는 것이 상인다운 모습이다.
 이때는 무엇보다 인내가 중요하다. 참고 견디지 않으면 세상은 열리지 않는다.
 '견디자. 참기 어려운 것을 참지 못하면 참된 견딤이 마음에 있지 않다는 의미이다.'
 상인에게 있어 세상의 모든 사람은 다 손님이다. 이때 이런 적극적인 인내가 없으면 좀체 성공하지 못한다.

55
오사카 상인의 이익과 의리

오사카 상인이 이익을 추구할 때에는 반듯이 지켜야 할 덕목이 있다.
① 장사를 하더라도 욕심부리지 않는다.
② 부귀하더라도 우쭐대지 않는다.
③ 베풀더라도 공치사하지 않는다.
④ 잘 되더라도 방심하지 않는다.
⑤ 어리석더라도 비방하지 않는다.
⑥ 보기 딱해도 비웃지 않는다.
⑦ 가난하더라도 깔보지 않는다.
⑧ 지혜가 있더라도 자만하지 않는다.
⑨ 분별이 있더라도 나서지 않는다.
⑩ 재주가 많더라도 오만하지 않는다.

⑪ 한가하더라도 놀러 다니지 않는다.
⑫ 재물이 있더라도 호사하지 않는다.

지금과는 시간적으로 많은 차이가 있지만 묘미 있는 내용 아닌가.

그 어느 항목에서나 철저히 억제하며 대신 다른 사람을 먼저 생각하라는 의미이다.

고객 본위의 사고 방식이 바로 이런 식으로 일관되면 좋지 않을까.

'상인이 이익을 포기하는 대신 명성을 추구할 때에는 재산을 날리게 마련이다. 사무라이가 명성을 포기하고 이익을 추구한다면 몸을 망치게 된다. 명리를 올바르게 추구하는 자를 가리켜 도(道)를 아는 사람이라고 한다.'

고문서에는 이렇게 씌어져 있다.

이익을 추구하는 것이야말로 어디까지나 상인의 본분이다. 그러므로 철저히 고객 위주의 장사를 해야 한다.

물론 모든 이익을 포기하고 고객 본위만 되라는 말은 결코 아니다.

돈을 벌고 싶은 것이 상인의 본심이다. 본능이기도 하다. 그것을 잊어버린다면 상인이 되지 못한다.

몇 년 전, 파리에 진출한 일본의 어느 백화점 대표가 개업식에서 이렇게 인사말을 했다.

"우리 백화점은 무엇보다 의(義)를 중요시합니다. 그리고 이익은 그 다음 생각합니다."

이 말에 프랑스인들은 머리를 갸웃거렸다고 한다.

'좋은 물건을 값싸게'라고 말하면 좋을 텐데 무슨 다른 의견이 첨가되어 있는 게 이해되지 않는다는 것이었다.

그 말처럼 의를 앞세우는 게 고객을 위해서라면 손님은 깊은 인상을 받게 될 것이다. 그러나 고객 없는 의가 우선한다면 손님은 오지 않는다. 그 백화점은 프랑스인들에게 그들의 참뜻을 끝내 이해시키지 못했다.

　한편으로, 의와 대비되는 의리와 인정을 생각해 본다.
　의리나 인정이 논리가 결여되어 있으면서도 사람의 마음에 호소하는 바가 크다는 것을 상인은 인심의 기미로서 파악하지 않으면 안 된다. 고객 본위라는 지침 요컨대 거기에 있겠지만.
　논리적인 규범을 넘어, 아 과연 그렇구나 하고 이해할 수 있는 것이 바로 사람의 마음이다.
　〈플루타크 영웅전〉에 그 좋은 예가 있다.
　'루크룰루스는 스하라에 대한 의리를 공익보다 중히 여겼기 때문인지, 핀브리아의 말에 귀를 기울이지 않았다.'
　그러므로 큰 낭패를 보아야만 했다. 대중의 행복을 앞세우지 않았기에 그런 실수를 낳았다는 평가가 있다.
　영국의 옛 동전에는 라틴어로 '부로 보노 부부리코'(대중의 행복을 위하여)라고 새겨져 있다. 또한 로마 12표법(기원 전 451~450년에 제정된 로마 최초의 성문법)에는 '공익은 사익에 우선한다'라고 규정되어 있다.
　그러므로 상인의 개인적인 이익보다는 일반 대중이라는 고객의 이익이 우선한다 —— 라는 생각으로 장사를 하는 것이 결국은 상인 스스로에게 돈과 번영을 가져온다는 논리가 성립된다.
　개인적인 이익과 욕심보다 의를 앞세우라는 교훈은 도쿠가와 시대에도 있었다.

　요즘 세상처럼 각박해진 인심이나 쇠퇴한 풍속은 바람직하지 않다. 자신의 재산 증식만이 제일 중요하다고 생각하는 게 가장 큰 잘못이지만.

　어버이는 자식에게 이익의 증식만을 가르치고, 의(義)에 따르려 한다면 세상을 알지 못하는 놈이라고 오히려 바보 취급한다. 결국은 이익을 얻지 못할 뿐 아니라 손해가 크다는 사실을 아예 무시한다.

　의를 따르면 이익이 절로 따른다는 이치를 이미 도쿠가와 말기의 난세에 오사카 상인은 경고했다. 일본의 상업사(商業史)에 버젓이 씌어 있듯이.

　의(義)는 인간의 기본, 이(利)는 상인의 기본이다.

　프랑스인들을 이해시키지 못했던 그 백화점의 대표에게서 알 수 있다. 서로 상치되는 의미이면서도 동질감이 있다는 사실을, 상업 활동에 있어서의 상인의 기본 목표는 정당하게 돈을 버는 것이요, 이를 위한 행동 기준은 철저히 고객 본위여야 한다는 사실을.

　기본 목표와 행동 기준을 잘 분별한 다음에야 고객 본위의 장사를 할 수 있다.

56
모나지 않게 거절하기

러시아 어로 '자후토라'라는 말은 '내일'이라는 뜻이라고 사전에서는 설명하고 있지만 사실은 완곡하게 거절할 때 사용되는 단어이다.

나는 2차 대전 후 4년 간 시베리아에 억류되어 포로 생활을 했는데, 매일 마음에 들지 않는 일만 생길 뿐이었다. 그래서 소련 장교에게 그 부당함을 시정해 달라고 요구하면 그 장교는 항상 '자후토라'라는 말만 되씹었다.

다음 날이 되어도 여전히 약속을 지키지 않으므로, 당신네 '자후토라'는 거짓말이라고 힐문했다.

소련 장교는 그 대답으로 이렇게 설명했다.

"만일 '니에트(NO)'라고 거절하면 다음에 얼굴을 마주쳤을 때는 서로 서먹서먹할 것이다. 허나 '자후토라'라고 말하면 그 의미가 거절이나 부정인 줄을 알지만 그래도 다시 만났을 때는 '안녕하시오' 하고 웃는 얼굴로 인사할 수 있지 않은가."
 시베리아에서는 좀체 듣지 못할 묘미 있는 말이었다.
 이 말을 듣더니 한 친구가 스페인 어에서도 '마니아나(내일)'를 역시 거절의 뜻으로 쓴다고 했다.
 일반적으로 거절하는 데 가장 괴로움을 당한 사람들은 일본의 기생들이 아닐까.
 손님의 기분을 존중하고 언제나 체면을 세워 주고 그들 위주로 생각하는 등, 모든 어려움을 견디어 내는 공부를 수백 년에 걸쳐 해 온 그 세계 —— 그러므로 가장 세련된 거절 용어를 찾아볼 수 있지 않을까.
 싫은 손님의 유혹을 받아도 싫어하는 눈치를 보이지 않고 '네, 고마워요' 하고 오히려 긍정하면서도 실은 자연스럽게 거부한다. 실로 훌륭한 처신이 아닐 수 없다. 그것도 아무렇지 않게 해낸다. 도저히 '마니아나' 나 '자후토라' 같은 것이 따르지 못할 고도의 세계가 아닌가.
 그러므로 결론을 말하면, 비록 자기에게 이유가 있다 하더라도 결코 단정지어 거절하는 것은 잘못되었다는 얘기이다.
 '천 명 만 명이 가건 말건 나는 안 간다니까.'
 이런 한문 교과서적인 용기를 내서는 안 된다는 것이다.
 사정은 잘 알지만, 어떻든 세상에는 자기에게 정당한 이유가 있다 하더라도 적당히 하지 않으면 안 되는 경우가 있다.
 오사카 상인들에게는 이런 말이 있다.
 '진심을 다하는 것이 충(忠) 자기가 원하지 않으므로 남에게도 요구하지 않는 것이 서(恕)이다. 이러한 충서(忠恕)의 정신이 없으면 올바른

상인이 될 수 없다.'

　자기의 주의, 주장에 충(忠)함과 동시에 상대방의 입장도 이해하는 서(恕).

　해브(have)와 해브 낱(have not)의 대립만이 눈에 띠는 현실이기에, 오사카 상인들의 그 정신을 훑어볼 때에는 지금이 무척 유감스럽다.

　'자후토라'에도 되도록이면 감탄하고, 그리하여 지(知)에 너무 치우쳐서 모나지 않은 장사를 해야 함은 인생에서도 마찬가지가 아닐까.

57
손님이 기쁘고 나도 기쁘고

자나깨나 매상을 늘리려고 노력하는 것은 상인으로서 당연한 행동이다. 특히 상인의 그 '노력하는 마음'은 어느 분야에 종사하는 사람이라도 배울 만하다.

그 상인을 두 가지 유형으로 나누어 본다.

A형 —— 자기만 돈을 벌면 그만이라고 생각하는 상인.

사러 오는 사람은 손님이 아니라 '소비자'라고 생각하는 냉정한 대립자(對立者)이다.

B형 —— 손님을 먼저 기쁘게 해 주는 상인.

그 결과 자기도 돈을 벌기 때문에 손님과는 대립하지 않는다. 즉, 손님과 한편이다.

상인이 마음속으로 애정을 품게 되면 '소비자'는 '손님'으로 바뀌어진다. 그러나 '팔아 준다' '사도록 한다' 라고 생각한다면 손님은 상인과 대결하는 양상이 되기 때문에 '소비자'라는 대립자로 변질된다.

 그로 인해 '소비자는 그저 값이 싸기만 하면 좋아한다'는 냉정한 사고 방식이 되기 쉽다. 상인과 손님이 대립관계를 나타내는 한 서로 따뜻한 마음이 통할 리 없다.

 허나 손님이 기뻐하므로 파는 상인도 기쁘다고 생각하는 단계에 이르면, 상품은 저쪽에 있게 되면서 이쪽에는 손님과 상인이 나란히 서게 되는 형태이므로 서로 한편이 된다.

 말하자면 상품을 가운데 놓고 대립하는 A형은 좋지 않고, 상품에 대해 손님도 상인도 같은 편에 위치하는 B형이 좋다는 말이다. 같은 편이라야 '손님도 기쁘고 나도 기쁘다'는 식으로 같은 만족을 느낄 수 있지 않은가.

 A형에서는 서로 대립하고 있기 때문에, 어떻게든 비싸게 판 다음 뒤에 대고 날름 혀를 내미는 악덕 상인이 되기 쉽다.

 이때에 물건을 사는 사람은 냉엄할 정도로 그저 '소비자'에 불과할 뿐 결코 '손님'은 되지 않는다.

　소비자는 싼 것만을 좋아한다 —— A형
　손님은 훌륭한 물건을 좋아한다 —— B형

 상인이 정성을 들여 노력하면 소비자도 손님으로 대우받고 싶어 한다.

 축구의 황제인 펠레를 나쁘게 말하는 사람을 만난 적이 없다. 야구의 왕정치(일본의 중국계 야구인) 선수를 나쁘게 평하는 사람도 없다. 그 두 사람 다 자기를 대단하게 보이려 하지 않았고, 자기만을 돋보이려 하지도 않았으며, 관중 앞에서 화를 내거나 큰 소리 친 적도 없다. 그러므로 많은 사람들은 지금까지 그들을 훌륭하게 생각하지 않는가.

  손님도 기뻐하고 나도 기뻐야 한다는 그 태도는 상인의 경우와 하나도 틀리지 않는다. 마음에 달린 문제이기 때문이다.

58
손님이 돈을 벌게 한다

일본어를 잘 하는 외국인이 귀국한다기에 어떤 사람이 하네다 공항으로 마중나갔다.

외국인이 말했다.

"おおきな お世話になりました."

'큰 폐를 끼쳤습니다'라고 말하려 했는데 일본어 특유의 어감을 잘 몰라 '쓸데없는 간섭이 되었다'라고 오히려 상대방을 귀찮게 여기는 말투가 되었다.

그 외국인이 말하려 했던 것이 무엇인지는 주위 상황으로 잘 알 수 있다. 하지만 일본에서 'お世話(신세지다)'에 붙이는 형용사가 'おおきな(큰大)'로 되면 아주 반대의 뜻이 된다는 것까지는 알지 못한 모양이다. 그 외국인은 스스로가 일본어를 안다고 했지만, 어떻든 완전히 다른 뜻을 말했다.

이처럼 대화는 어려운 것이다.

5초라도 사이를 두면 대화의 리듬이 깨진다. 10초쯤 늦으면 눈치 놀음이 된다. 무엇이든 괜찮으니까 소리라고 하는 음을 내고 있지 않으면 안 된다.

고객과의 대화는 한층 더 어려워진다. 대등한 입장이라면 '예스, 미스터 브라운'이라고 말할 것을, 고객에게 말할 때에는 '서튼리, 서어'라고 해야 한다.

회화의 기본이 '안녕하십니까'와 '안녕히 가십시오'의 두 가지라고 하면, 고객과의 대화에서 기본이 되는 것은 같은 의미일지라도 '안녕하십니까'와 '안녕히 가십시오'가 아니라 '어서 오십시오'와 '매번 감사합니다'이다.

돈을 받을 때에는 고객에 대해 감사하다는 말을 하면서 머리를 숙인다. 물론 손님에 따라서는 '이 자식!' 하면서 주먹이라도 치켜 들고 때리고 싶은 경우가 없는 것도 아니겠지만 오로지 '내 장사를 위해 머리를 숙이는' 것이라고 생각하면 마음이 편해질 것이다. 이제 제법 상인의 티가 난다고 보면 된다.

조금이라도 머리를 쳐들거나 건방진 행동을 하면 금방 미움을 산다. 때문에 아주 조심스럽게 부드러운 말과 상냥한 태도와 겸손한 마음으로 손님을 맞이하고 보내야 한다.

신분에 맞게 살아 가는 사람을 세상은 오히려 시새운다. 허나 모든 일에 있어 항상 남의 눈에 띄게 해선 안 된다──자기를 낮추고 모든 일을 고객 위주로 하는 것이 장사의 기본이다.

상품을 파는 일보다 먼저 손님의 기분을 맞추어야 한다. 그렇게 되면 손님과 기분이 통해 친해지게 된다.

　1910년 경 도쿄의 스미야바시 근처에 시카지마야라는 '게다'(나막신) 장사가 있었다.

　그는 고향에서 겨우 15엔을 들고 도쿄로 나와 장사를 시작했다.

　아는 사람도 돈도 없었다. 당장 무엇이든 하지 않으면 안 되는 처지였다.

　그가 할 수 있는 일은 무엇이었을까. 있는 것은 오직 몸뚱이 뿐이었는데 이때 그는 온갖 지혜를 짜내어 가게 문을 열었다.

　당시로서는 큰 충격을 준 아이디어였다.

　첫째, 기발한 상점 구조가 눈에 띄었다.

　간판에 '게다'라는 말은 전혀 쓰여 있지 않고 근처 안내 지도가 곧 간판이었다.

　'도쿄의 어느 곳을 찾더라도 길을 가르쳐 드립니다.'

　이런 글씨만 크게 쓰여져 있었다.

　상점 안 구조는 세면 시설과 짐 둘 곳이 있었다. 또한 탁자 위에는 누구든지 마음대로 쓸 수 있는 성냥과 잡지, 시간표, 전차 안내서, 종이와 연필 등이 놓여 있었다.

　물론 당시는 은으로 만들어진 샤프 펜슬이 첫 선을 보이던 때였다. 그렇지만 종이와 연필 역시 일반적으로 널리 보급되지 않았으므로 이 것들을 탁자에서 본 사람들은 크게 기뻐했다.

　스미야바시 주위에는 전차가 달리고 있었으므로, 안내서는 지금의 버스나 지하철 노선표 같이 참으로 사람들을 편리하게 했다.

　의자의 구조도 기발했다. 그것은 두 쪽으로 갈라지게 되어 있는데,

가운데에는 자전거용 펌프나 스패너, 기름통, 새끼줄, 노끈, 헌 신문 등이 들어 있어 자연스럽게 이용이 가능했다.

사실 옛날 자전거는 고장이 잘 났다. 하지만 시카지마야에 들르면 응급 수리뿐 아니라 세수도 하고 잠시 쉴 수도 있었다.

시카지마야의 이름은 이렇게 해서 그 근처를 지나는 모든 사람들에게 순식간에 알려졌다.

둘째, 시카지마야의 고객에 대한 서비스정신을 들 수 있다.

누구나 '게다'를 신고 있던 당시에는 자기의 '게다'가 남의 것과 바뀌는 일이 많았다. 그래서 '게다' 바닥에 레테르를 붙이고, 여기에 이름을 써넣게 했다. 친절하면서도 재치 있는 구상이었다.

그리고 일기 예보를 장사에 이용했다.

가게 안 게시판에 기재되는 예보로서, 다음 날 날씨가 맑으면 '내일은 고무 조리(바닥에 고무를 댄 일본식 샌들), 고마게다(통나무로 만든 나막신)'라고 쓴다. 예보에서 비가 온다고 하면 '아시타 나가게타' 또는 '다가게타(다 같이 굽 높은 나막신)'라고 썼다. 과연 '게다' 장이다운 일기 예보가 아닌가. 지금도 무척 인상적이다.

그 가게에 들렀던 사람들은 크게 반색했으며, 뒤이어 도시 전체의 화제가 되었다. 훌륭한 선전 광고였다.

스미야바시 근처에 재미있는 '게다' 장사가 있다. 싸고 좋은 '게다' 라는 말이 더욱 넓게 퍼져 갔다. 별로 화젯거리가 많지 않았던 그 시대에 이런 기발한 아이디어로 그 '게다' 장사는 크게 성공했다.

물론 철저한 손님 위주의 서비스 정신이 그 바탕에 깔려 있다.

59
고객에 맞추어 장사하기

상인에게는 상인 근성이 있다.
에도 시대에는 무사가 칼을 휘두르며 뽐내면 누구 하나 흉보는 사람이 없던 시대였다. 그 시대의 무사는 오히려 그런 행동이 당연시되었다. 하지만 상인은 다르다. 사농공상(士農工商)의 4계급 중 최하위에 놓여 흡사 벌레 취급을 당해야만 했다. 그래도 끝내 버틸 수 있었던 것은 그들이 가진 근성 덕택이다.
상인 앞에는 언제나 고객이 있다. 고객에 대한 애정을 잃지 않는 상인은 반드시 성공한다. 오사카의 상인들은 죽어도 이 말을 잊지 않았다.
고객을 사랑하고 주시하면 상인 스스로 '고객에 대한 분석'도 할 수 있다. 그리고 그 고객의 취향에 맞는 상품을 구비한다.
그때나 지금이나 주요 고객은 여자들이다. 때문에 오사카 상인들은 여자 고객에 대한 관심을 언제나 잊지 않았다.

여자 고객을 4가지 유형으로 나눈 미국의 상점이 있다.

① 바겐세일 때만 물건을 사는 여자

② 유행을 따르긴 해도 관심만 두는 여자. 시즌이 다가선 뒤가 아니면 사지 않는다.

③ 돈과 스타일에 신경쓰는 여자. 자신의 돈지갑에 모든 것을 맞춘다.

④ 새로운 것이면 무엇이든 좋아하여 값도 문제 삼지 않고 사는 여자.

물론 또 다른 분류법도 있을 것이다. 기준이 다르므로 서로 일치하지 않는 게 당연하지만.

상점에 오는 손님에 대해서만이 아니라 팔고 있는 상인 자신도 분류해 볼 필요가 있다.

역할이나 시간 그리고 이외의 여러 가지를 기준으로 할 경우, 그 분석에 의해 경영자는 올바른 경영 비법을 개발할 수 있다.

그처럼 상인 자신에 대한 분류 분석에 의해 경영자가 '방침'을 생각할 때에는 선견지명이 필요하다.

또 이러한 분석은 중간층에 대한 폭넓은 선택 기준도 된다.

중간층이 이같이 움직여 주면 기업이나 상점은 손님에 대한 서비스를 기초로 더 활발히 판매할 수 있다.

60
메모 덕분에 큰 돈 벌다

　독일의 대포왕 크르프(1812~1887. 무기 제조업자)라고 하면 모르는 사람이 없을 정도로 유명한 대사업가이다. 대포 만들기에 열중하여 결혼마저 잊었던 알프레드 크르프. 그는 현재의 크르프 재단 설립자이다.
　종업원 10만, 연간 매상 억 달러의 크르프 재단이 실현되기까지 그 노고는 이루 말할 수 없었다. 주문을 받기 위해 알프레드 자신이 온 유럽을 세일즈하며 돌아다녔다.
　단순히 좋은 것을 만들기만 하면 되는 것이 아니라, 그 물건을 팔러 다녀야만 한다는 그의 적극적인 세일즈 정신은 그 당시 무척 놀라운 일이었다. '좋은 물건을 만드는 것'과 '좋은 물건을 파는 것'을 병용시켜야 비로소 번영한다는 게 그의 의지였다.
　'하루 종일 메모를 했다. 어떤 생각이 떠오르면 길에서건 어디서건 지체 없이 메모했다. 때에 따라서는 한 시간에 20번이나 멈춰 서서 메

모한 일도 있었다.'

이것이 약관 25세 청년 크르프의 모습이었다.

어떤 사람이 거래처 사장과 저녁을 함께 하며 이야기할 기회가 있었다.

메모와 정보 이야기가 화제에 오르자 그는 점잖게 양복 주머니에 두 손을 넣고는 양 손에 한 메모지를 꺼내 들었다. 그러면서 웃었다.

사장은 잘 때에도 머리맡에 메모지를 준비해 두곤 했다. 밤중에 눈을 떴을 때 문득 생각나는 것이 있으면 적어 두기 위해서. 생각은 꿈과 같아서 이튿날 다시 눈을 떴을 때는 이미 잊어버리기 때문이라고 한다.

초인적인 활약을 보이는 원동력이 바로 그 메모지였다.

최근 나는 어떤 청년 실업가와 식사를 같이 했다. 마침 세일즈 이야기가 나왔는데, 그 사람이 말했다.

"메모지도 준비하지 않고 상담하러 오는 사람이 있더군요."

이 말이 가슴을 찔렀다. 진심으로 상담을 진행시킬 뜻이 있다면 수첩에 적어 두는 일쯤은 당연히 해야 하는 게 아니냐는 의미였다.

행동은 곧 메모이다. 그런 마음은 열성적인 상업열에서 나온다.

옛부터 내려오는 말 중에는 훌륭한 상업열에서 비롯된 것들이 많지 않은가.

'모든 장사는 팔아서 즐겁고 사서 기쁘도록 해야 한다. 그렇지 않다면 도리가 아니다. 대차(貸借) 역시 빌려 주어 즐겁고 빌어서 기쁘지 않으면 도리가 아니듯이.'

'상점을 잘 지켜라. 그러면 상점이 그대를 지켜 줄 것이다.'

이 모두가 장사를 위해 무엇을 어떻게 하면 좋을지 밤낮 지혜를 짜냈던 상인의 규범을 얘기한다.

지극히 단순한 메모에서 큰 성공의 밑받침이 된 아이디어가 표출된 예를 우리는 많이 보아 왔다. 하지만 모든 것을 제외하고 오직 성공 그 자체만 얘기하는 경우가 대부분이다. 여기에서 우리는 간과해서는 안 될 일을 발견한다. 즉, 기본을 잃지 않는 빈틈 없는 지혜이다.

2천 년 전 사마천(B.C.145~B.C.86. 전한의 역사가)이 지은 '사기(史記)'에는 '화식(貨殖)'에 관한 것만 모아 적은 재미있는 항목이 있다. 그 가운데 마음에 담아 둘 말이 있어 소개한다.

'가난해지거나 부유해지는 것은 사람이 빼앗거나 주거나 해서가 아니다. 지혜가 탁월한 자는 여유가 생기고, 어리석은 자는 자연히 부족해지기 때문이다.'

여기서 말하는 지혜란 인간이 태어나면서부터 누구나 가지고 있는 게 아니다. 노력을 거듭함으로써 얻어진 지혜를 말한다.

하찮은 일이라도 메모로 적어 쌓아 놓은 데서 생긴 지혜이다. 티끌 모아 태산이 된 지혜를 말하는 것이다.

'메모리 북'을 지금도 요긴하게 사용하는지는 잘 모르지만, 그 중요성은 이루 말할 수 없이 크다.

'메모리 북'에 대한 이야기를 끄집어낸 것은 상인일 경우 자신의 일을 성공시키려면 '메모리 북'을 꼭 작성하기 바라기 때문이다.

나는 지금가지도 메모리 북을 사용하고 있는데 무척 요긴하다는 생각을 금할 수 없다.

내 것은 겉보기에는 아주 평범한 수첩 같은 다이어리북이다. 처음에는 가죽을 씌우고 금박으로 문자를 넣은 호화로운 메모리 북을 구하고 싶어 긴자에 있는 어느 문구점에 들렀지만 내가 찾는 것이 없었다.

하는 수 없이 헝겊 표지가 씌워진 일기장을 메모리 북으로 쓰고 있다.

그 메모리 북에 씌어 지는 내용은 부탁받고 중매인 노릇을 했던 부부의 이름, 피로연 등을 해당 날짜에 해당 년과 함께 쓴다. 이런 것들이 몇 년 뒤에는 쓸모가 있다.

이 메모리 북은 언제나 가까이 있으므로, 오늘은 과거의 어느 누가 결혼했던 날임을 알게 된다.

메모리 북에서 알 수 있는 몇 가지를 예로 들어 보겠다.

① 회사가 몹시 바쁘기 때문에 잔업을 하게 될 때에도 '당신은 빨리 댁에 가시오'라고 말해서 그의 결혼 기념일을 확실히 기억하고 있음을 보여 줄 수 있다. 그 부인의 신용을 얻는 것이야말로 무엇보다 중요하지 않은가.

② 거래선의 새 빌딩 낙성일이나 신축 공장의 연월일을 해당 날짜에 써둔다.

몇 년 뒤 그날을 기억하고 있으면 거래선이 매우 기뻐한다. 그리고 좋은 관계를 계속 유지할 수 있다.

③ 오랫동안 친구로 지냈던 이가 사망했을 경우 그 연월일을 써둔다.

영결식에는 반드시 참석했던 사람도 1년째의 기일(忌日)은 잊어버리기 쉽다. 그러므로 메모리 북에 기입해 두면 3년이 지난 뒤에도 기억해 낸다. 이는 참으로 편리한 기억 재생 장치이다.

 기일에 꽃이라도 들고 찾아가면 그 유족은 진심으로 기뻐할 것이다. 찾아갈 여유가 없다면 엽서를 보내는 것도 좋다.

 ④ 대체로 관혼상제, 경조사 등 다른 사람에게는 가슴 아픈 일들을 적는다. 언젠가는 꼭 쓸모가 있을 것이다.

 그렇다고 모든 사람의 메모리 북이 내 경우와 똑 같은 내용이어서는 안 된다. 다만 내가 위에서 예로 든 것은 그만큼 도움이 된다는 말이다. 그러나 비지니스에만 쓸모 있는 것은 아니다.

 사소한 메모와 노력으로 인생을 즐겁게 보낼 수 있다.

61
자나깨나 떠나지 않는 계산

'속셈——마음속으로 하는 셈'이라고 국어 사전은 설명하고 있다. 그리고 '마음속으로 헤아리는 흉중의 계산, 흉산(胸算)'이라고 덧붙인다.

도쿠가와 시대의 오사카 상인의 핏줄을 받고 자란 내 상식으로 말하면 상인 행동의 원점은 '정리와 돈 계산'이다.

이 조건을 갖추지 못한 상인은 우선 '정리가 나쁘기' 때문에, 도대체 어디부터가 이득이고 손해인지 즉시 판단을 내리지 못하므로 상인으로서는 실격이 아닌가 싶다.

'안녕하십니까' 하는 인사 대신 '좀 벌었는가' 하는 것이 버릇이 된 오사카 상인에게는 자나깨나 돈벌이가 머리에서 떠날 때가 없다.

나는 대학을 나와 미쓰비시 신탁은행에 입사했다. 오사카 지점에 근무하게 되었는데, 그 무렵 처음으로 신탁회사에서도 고객 상대의 섭

외반을 편성해 놓고 있었다.

　대학을 나온 지 얼마 되지 않고 또한 자산 운용 같은 것에 대해서는 캄캄한 자가 주판에 능한 오사카 상인들의 집에 뛰어들어 신탁을 의뢰하려다 보니 오사카 상인의 핏줄을 타고났지만 도무지 대화가 되지 않았다.

　"이 돈을 미쓰비시 은행의 금전 신탁으로 맡기면 5년 뒤 얼마가 되지?"

　이런 질문을 받아도 나는 대답을 제대로 못했다.

　"여기 주판이 있소."

　상대가 주판을 내놓아도, 6개월 복리로 당시의 연 3푼 8리인 금전 신탁의 5년 뒤 원리금 합계를 계산해 낼 주판 실력도 전혀 없었다.

　당황해서 어찌해야 좋을지 알지 못할 뿐이였다.

　"알아보고 나서 내일 다시 오겠습니다."

　이렇게 말하기에는 이미 늦었다. 창피해서 진땀마저 흘러 나왔다. 그때의 고통은 지금도 잊혀지지 않는다.

　이때 나는 이자를 암산할 수 없으면 아무런 소용이 없음을 통감했다. 그리하여 내 식대로 만들어 내게 된 것이 이른바 '이자 암산법'이다. 지금이야 전자 계산기가 있어 척척 해결되지만, 그 당시로는 생각도 못할 처지였다.

　40년 가까이 공무원 생활을 해 온 성실한 하급 관리가 정년에 이르러 이윽고 퇴직하게 되었다. 퇴직금은 1억 5천만 원쯤 된다. 실로 큰 돈이 아닐 수 없다. 그는 1개월쯤 뒤 반드시 부자가 된다고 틀림없이 생각할 것이다.

확실히 그것은 큰 돈이다. 평생에 걸쳐 보너스를 포함하여 한번에 1천만 원 정도도 받아 보지 못했던 그로서는 1억 5천만 원이란 정말이지 큰 돈이다. 큰 돈임에는 틀림없는데, 그 이자는 대체 한 달에 어느 정도가 될까.

이러한 월별 이자 액수를 암산으로 즉시 계산할 수 있는 사람이 아니면 자칫 부자로 착각하게 된다. 부자라고 착각하면 곧 원금에 손을 대게 되므로 이자는 별것 아니라고 생각한다. 이것이 무척 위험한 일이 아닐 수 없다.

퇴직금이 1억 5천만 원이라면 거기서 생기는 1개월당 이자는 얼마인가? 이자가 연 13%일 경우는 약 160만원이 된다. 이로써 대단한 부자가 아님을 알 수 있다.

지금은 은행의 장기예금도 다양하게 제도화되었으므로 그 이상의 이자가 나올 수도 있겠지만 목돈에 비해서는 실망감을 느끼지 않을 수 없다.

어떻든, 상인이라면 계산에 빈틈 없어야 된다는 사실과 함께 같은 값이면 더 많은 수익률을 올리려는 마음이 있어야만 진정한 상인이 될 수 있다는 걸 이 이야기는 말해준다.

62
남보다 다른 오사카 상인의 돈벌이

당대(當代)에 성공을 거둔 상인이 걸어온 길을 더듬어 보면 반드시 원리 원칙에 입각한 장사의 이익이 번뜩이고, 여기에 운이 따른 것임을 알 수 있다.

에도에서 이름을 크게 떨친 시호하라 오스케(1743~1806. 숯장사로 성공)도 오사카 상인의 절약과 기지를 그대로 실천한 상인이었다.

절약이란 곧 아끼는 것이다. 상인은 쓸데없는 지출을 억제하고 사치를 삼가지만 필요한 경우에는 아낌없이 돈을 투자하는 마음도 가져야 한다. 이러한 마음가짐은 참 상인이어야 가능하다. 또한 머리를 써서 창의를 연마한 아이디어 상인이어야만 성공할 수 있다.

시호하라 오스케는 오사카의 어느 가난한 농가의 아들로 태어났다. 도쿠가와 이에야스가 그토록 애써 저축한 바쿠후의 저금 194만 냥이 고갈되어 검약령이 발표된 시기였다.

어려서 부모를 잃은 오스케는 19세 때 에도로 나와 연료 도매상인 야마구치 상점에서 일하게 되었다. 그 상점은 신탄(薪炭) 도매상으로 적치장도 갖고 있었다.

1757년. 그가 야마구치 상점에서 일한 지 3년째 되는 해였다. 그해 6월 15일과 16일은 간다 메이진의 축제일로 에도 사람들이 의기 충천하여 즐기는 날이었다.

그날, 주인이 오스케에게 말했다.

"오늘은 축제일이다. 36대의 꽃수레가 길을 누빌 것이니 참 볼 만할 거다. 너도 가서 구경이나 하렴."

오스케는 이때 창고에서 열심히 짚신을 삼고 있었다.

"고맙습니다만 축제를 구경한다고 뭐 별 수 있는가요. 그보다 이처럼 짚신을 한 켤레라도 더 삼는 게 좋습니다."

그리고 얼마 후, 갑자기 검은 구름이 덮이고 바람이 일면서 빗방울이 떨어지기 시작했다. 뒤이어 번개가 치며 소나기가 퍼부어졌.

그러자 오스케는 무엇을 생각했는지 별안간 손을 털고 일어나 더니, 멜대를 메고는 밖으로 달려나갔다.

"잠시 다녀오겠습니다."

주인은 고개를 갸웃거렸다.

'이상한 녀석일세. 날씨가 좋을 때는 창고에 틀어박혀 짚신을 삼더니 소나기가 내리니 축제를 구경하러 간다고? 더구나 멜대는 왜 가지고 간담?'

얼마 후 오스케는 커다란 짐을 메고 돌아왔다.

그는 축제에 쓰이는 꽃패랭이, 헌 다비(일본 버선), 나막신, 조리(일본 짚신), 손수건, 허리띠 같은 것을 산더미처럼 주어 온 것이었다.

"주인님, 에도라는 곳은 정말 호기 있는 데로군요. 마음에 여유가 있어서 그럴 테지만, 돈을 주고 산 것이면서도 비가 온다고 그냥 버리고 가네요. 아깝길래 제가 모아 왔습니다. 축제 구경을 가면 크게 돈벌이가 되는 곳이 바로 에도군요."

에도 사람인 주인의 입장에서 볼 때 축제일이란 돈을 쓰는 날이지 버는 날이 아니었다. 그런데 오스케는 생각이 달랐다.

꽃 패랭이에 달린 조화(造花)는 따로 모아 팔았으며, 조리나 나막신은 깨끗이 씻어 그 물건을 파는 가게에 넘겼다. 또한 아주 못 쓰게 된 조리는 잘게 썰어 미장이용 여물을 만들어 팔았다.

그렇게 해서 벌어들인 돈이 약 3관 정도 되었다. 6관이 1냥(지금 돈으로 약 20만 엔)인 시대이므로 쉽게 10만 엔 이상을 번 것이다.

오스케의 돈 버는 방법은 언제나 남의 의표를 찔렀다. 더구나 번 돈은 한 푼도 쓰지 않고 모두 주인에게 맡겼다. 지금 말로 한다면 사내예금을 한 것이다.

이렇게 해서 주인에게 맡긴 돈이 모두 70냥 가량 되었다고 한다.

야마구치 상점에서 일한 지 무려 12년, 32세 때인 해에 그곳을 나왔다. 70냥을 자본으로 독립한 것이다.

그리고 에도의 아이오이쵸 강 가까운 곳에 신탄 상점을 차렸다. 물건을 구입할 때는 물론 옛 주인인 야마구치야가 편의를 보아 주었다.

여기서 시호하라 오스케의 상업적인 예지, 즉 창의성이 발휘되었다.

'숯의 갈라 팔기'

당시 숯은 섬 단위로 파는 것이 상식이었다. 그 상식을 깨트린 것이 바로 오스케이다.

가난한 사람이 한꺼번에 숯을 한 섬이나 사게 되면 그밖의 물건을 사는데 지장이 생긴다. 오스케는 이를 재빨리 간파했다.

"숯 50문(文) 어치 주세요."

"나는 백 문 어치 사렵니다."

이처럼 고객의 적은 주문에 일일이 응했기 때문에 곧 소문이 났다. 상점은 언제나 고객으로 성황을 이루었다.

같은 동리에서 술 도매장을 하는 다케시타 규하치가 오스케의 인물 됨을 보고 자기 딸을 주었다. 물론 처지로 본다면 하늘과 땅 차이가 있었으나 다케시타의 눈은 정확했다.

시호하라 상점은 점점 번창하여 얼마 후에는 다케시타에 비해 손색 없는 위치가 되었다. 그 당시 관청의 재정도 손에 쥐었다고 하니 금융 업에도 손을 댄 모양이었다. '돈'과 '물건'을 두 손에 쥐고 보니 속된 말로 '도깨비'에 '방망이'가 붙은 셈이다.

오스케는 개업 10년 만에 1만 냥의 재산을 모았다고 한다. 1냥이 지금 돈으로 20만 엔이라 계산하면 무려 20억 엔이나 되는 큰돈이다.

그러나 오스케는 항상 검소했다. 무명옷만을 입었으며 사치나 낭비는 생각지도 못하는 그였다. 그러나 결코 인색하지는 않았다. 수전노가 아니었던 것이다. 이점이 다른 사람과 다르다.

어려운 사람을 돕는 일에는 아낌없이 돈을 썼다. 마을 등의 공익에 관계되거나 사회 복지를 위하는 일에는 큰 돈을 희사했다.

마쓰시다 고노스케는 '장사의 귀신'이라는 말을 듣는 사람이었다. 흔히 '야구의 귀신'이니 '경마의 귀신'이라 이름 붙여지는 여러 가지 '귀신'이 있지만, 이 마쓰시다 고노스케만은 에누리 없는 진짜 '장사의 귀신'이다.

장사에 관한 에피소드 중 하나를 소개한다.

그가 겨우 열 살 남짓 된 견습 점원 때, 집의 형세가 기울어져 초등학교도 졸업하지 못한 고노스케는 수습 점원 노릇을 하게 되었던 모양이다.

아무튼 수습 점원 시절의 고노스케는 늘 가게의 손님이나 선배들이 시키는 온갖 잔심부름을 했다. 그 중에서도 제일 많은 것이 '이봐 꼬마, 담배 좀 사 와'라는 심부름이었다.

온종일 자질구레한 잡동사니 일로 눈코 뜰새 없이 바쁜 데 담배마저 사러 나가야만 했다. 이래 가지곤 몸도 고되고 시간도 허비된다고 생각했다.

'담배를 한꺼번에 많이 사다 놓자. 그러면 조금은 싸게 해 주겠지. 그것을 정가로 손님에게 드리면 조금이라도 내게 득이 되잖아? 손님도 기다리지 않고 즉시 담배를 받게 되니까 좋아하실 거구.'

그는 즉시 담배를 대량 매입했다. 담배를 한꺼번에 사니까 생각했던 대로 가게에서도 조금은 깎아 주었다.

"담배 사 와!"

이런 말을 들을 때마다 즉시,

"예, 여기 있습니다."

내주는 바람에 모두 무척 기뻐했다. 그 중에는,

"재치 있는 꼬마로군."

팁을 주는 손님도 있었다. 그런 일로 고노스케 소년은 제법 푼돈을 모을 수 있었고, 예전처럼 시간도 허비하지 않게 되었다.

이 열 살 남짓한 소년이 어떻게 이런 착안을 했을까.

이 조그마한 착안 속에 장사의 기본이 모두 들어 있다고 절실히 느끼게 된다.

장사란 뭐니 뭐니 해도 손님을 기쁘게 해드리는 것이 제일이다. 그리고 자기 쪽에서도 돈과 시간을 조금도 허비하지 않고 큰덕을 보며 돈벌이를 한다. 이것이 진짜 장사이다.

마쓰시다 고노스케가 '장사의 귀신'이라는 칭호를 받은 것도 어릴 때부터 이 점을 똑똑히 인식하고 있었기 때문이다. 좀처럼 흉내낼 수 없는 일이지만.

63
머리 가는 데 돈 간다

'한 사람에게 오직 한 개씩만 팝니다.'

이렇게 써붙여 놓으면 요즘에는 무엇이나 잘 팔린다는 기막힌 상술이 있다. 즉, 이쪽 손에 놀아난다는 것이다 —— 이러한 악덕 상인은 결코 오래 가지 못한다. 자신을 나쁜 방향으로 몰고 가는 이른바 구멍을 파기 때문에 언젠가는 상대방에게 그 거짓이 알려진다.

갑자기 붐을 타는 사람은 순식간에 잊혀져 어디로 사라졌는지도 모르는 경우가 허다하게 많다. 갑자기 붐을 일으키는 상품도 역시 마찬가지이다. 그러므로 오래도록 꾸준히 팔리는 상품은 그 어딘가에 고객에 대한 애정과 친절한 마음이 깃들여 있기 때문이다.

옛날, 에도의 니혼바시는 오늘날의 도쿄 역이나 하네다 공항에 해당한다. 여행을 떠나는 사람은 이곳에서 도카이도 쥬센도 오쿠슈 닛코로 나뉜다.

여행이란 도중에 여러 가지 위험이 도사리고 있기 때문에, 어느 정도 고생할 각오를 하지 않으면 안 된다.

조금이라도 걱정이 있는 곳에는 약간이나마 그 짐을 덜어 주는 친절이란 게 있다. 이 친절을 상품화하면 니혼바시에서는 무엇이든 팔릴 것이다.

앞으로 여행을 떠날 예정이라면 다소의 차이는 있으나 불안과 걱정을 느끼지 않는 사람은 없다. 그것을 진정시켜 주거나 덜어 줄 수 있다면 장사 치고는 그만이라 하지 않을 수 없다.

어디에나 빈틈 없는 상인이 있게 마련이다. 즉, 머리 좋은 상인이 있게 마련이다.

이때 마음 흐뭇해지는 친절한 상인이 있었다.

"자, 나왔습니다. 여행 중의 안전을 보장하는 짚신이 나왔습니다. 한 켤레에 불과 6문(푼). 여행의 안전을 보장하는 짚신이오……."

이렇게 큰 소리 지르며 새로운 짚신을 팔고 있었다. 자세히 보니 짚신에 빨갛고 흰 리본이 앙징스럽게 달려 있었다.

'여행 중의 안전'이란 말은 나그네의 마음속에 있는 불안을 제거해 준다. 미즈사카즈키(이별이 될 지 모를 때 술 대신 물로 작별의 잔을 나누는 행위)까지는 아니더라도, 당시의 고통스럽던 여행을 생각하면 누구나 나그네길이 평안하기를 바라는 마음은 간절했다. 이왕이면 그 짚신을 신음으로써 위험을 쫓아 버릴 수 있다면 사서 신는 것도 좋지 않겠는가.

다른 곳에서는 짚신 한 켤레에 6문이라면 약간 비싸기는 하다. 다른 곳에서는 짚신 한 켤레가 4문이므로 확실히 비싸다. 그러므로 다른 곳에 비해 5할이나 비싸다.

여행이 아니라면 누가 5할이나 비싼 짚신을 살 것인가.

그러나 앞으로 위험한 여행을 떠나려는 사람에게는 결코 비싼게 아니다. 빨갛고 흰 리본은 재수가 좋으므로 틀림없이 악마를 쫓아 버릴 것이라는 생각이 들게 마련이다.

보기만 해도 재수가 좋을 듯한 리본이 예쁘게 장식되어 있어서 흐뭇하고 따뜻한 느낌이 전해지는 짚신, 어딘지 모르게 안심이 되고 마음놓이는 상품이다. 아무런 변화도 없는 4문짜리 짚신에 귀여운 리본을 단 것만으로 6문을 받는다는 것은 작은 아이디어지만 결국 적중했다. 이 짚신은 날개가 돋힌 듯이 팔렸다.

이 상법을 생각해 낸 것은 미쓰이 하치로베(1622~1694. 미쓰이 초대 사장)가 아닌가 생각한다.

마쓰사카를 떠나 에도로 가서 어머니가 준 표백한 무명을 잘라서 판 사람도 그였다. 1단(피륙의 단위로 약 10m)을 기준으로 파는 것은 너무 많다는 생각이 들었다. 석 자만 사고 싶은 사람도 많을 것이다. 그는 단순히 손님의 요구에 응했을 뿐이었지만 손님이 바라고 손님이 기뻐하는 대로 따랐기 때문에 성공을 한 것이다. 이것이 장사의 근본이 아니겠는가.

손님이 필요로 하는 것만큼 파는 것은 물론 좋은 일이다. 그러면 마지막에 남는 자투리는 어떻게 할 것인가. 자투리 한 조각만을 상점에 진열할 수도 없는 일이다. 그러나 머리 좋은 미쓰이 하치로베는 무엇으로나 장사를 할 수 있는 지혜가 있었다.

자투리와 함께 유행에 뒤진 물건도 남게 마련이다. 그것을 하나로

뭉쳐 에비스(오른 손에 낚시대, 왼 손에 도미를 들고 있는 수호신)옷감이라 이름 붙였다.

그 이름은 어딘지 모르게 상서로운 기분이 들었을 뿐만 아니라 이 자투리를 싸게 팔았으므로 불티나게 팔렸다. 이것은 재고품으로 남겨 두는 것과 달리 현금화되기 때문에 쉽게 다른 물건을 구입할 수 있었다.

이와 같이 여러 모로 손을 썼기 때문에 매상은 늘어가기만 했다. 하루에 1천 냥이나 팔렸다고 한다. 1천 냥이란 엄청나게 많은 돈이다. 그것을 단 하루에 팔아 치우므로 다른 옷장사들은 배가 아파 어쩔 줄 몰랐을 것이다. 재고품도 남기지 않았으니 대단한 일이다.

그는 드디어 스루가쵸에 40간짜리 큰 점포를 세웠다. 모두 현금 판매로 외상은 사절이라고 못박았다. 종업원은 40여 명이나 두었다. 한 사람이 한 가지씩 담당하였다. 즉 비단 담당, 하부타(얇고 부드러우며 윤이 도는 순백색 비단) 담당, 모직 담당, 마직 담당 등……

급한 경우 손님을 잠시 기다리게 하고 수십 명의 재봉사가 달라붙어 그 자리에서 옷을 지어 주었다.

훌륭한 장사법이다. 비록 쓸모 없는 자투리라도 이처럼 고객이 즐겨 사게 만드는 아이디어가 계속해서 머리에 떠오른다. 머리에 떠오르면 주저 없이 실행에 옮겼기 때문에 계속 히트했다.

특출한 상인이 아닌 이상 이처럼 머리가 잘 움직일 수 없다고 간단히 생각해서는 안 된다.

예로부터 상인이 아니면 장사의 두뇌가 움직이지 않는다고 자랑 삼아 말하지만, 본인보다 제3자가 더 잘 안다는 말이 있듯이, 철학자가 크게 돈을 번 이야기도 있다.

　탈레스(B.C. 624~B.C. 546)는 그리스의 유명한 철학자이다.

　학자란 아무 일도 못한다, 돈벌이 같은 것에는 관심이 없다는 말을 듣자 탈레스는 화가 났다.

　'학자라도 필요하다면 돈을 벌 수 있어. 다만 공부에 바빠 벌지 않을 뿐이지. 거짓말이라 생각하면 당장 보여 주마.'

　그는 곧 그 해의 기후를 조사하고 별의 운행을 살펴보았더니 내년에는 분명히 올리브가 풍작이 될 것 같았다. 그것을 예측할 만한 지식을 탈레스는 가지고 있었다.

　이에 그는 올리브 압착기를 겨울 동안 모두 빌렸다. 아직 아무도 이를 빌리려 하지 않는 때였기 때문에 아주 싼값으로 키레스와 밀레토스에 있는 압착기를 모두 빌린 것이다.

　과연 이듬해는 올리브의 대풍이었다. 모두들 올리브 압착기를 빌리려 했으나 이미 지난 겨울에 탈레스가 거두어들여 한 대도 없었다. 비싼 돈을 내고 탈레스에게 다시 빌 수밖에 없었다.

　이리하여 탈레스는 올리브 압착기을 다시 빌려 준 대가로 불과 1년 동안에 큰 돈을 벌 수 있었다.

　'철학자는 원하기만 한다면 언제든지 많은 돈을 벌 수 있다. 그런 일이라면 누구에게도 지지 않는다. 그러나 철학자 본래의 흥미는 돈을 버는 데 있지 않고 진리 탐구에 있다. 철학자는 여기에 몸을 바치지 않으면 안 된다. 그러므로 돈을 벌 능력은 있어도 그런 데까지 손이 미치지 않을 뿐이다.'

　탈레스의 이 이야기는 아리스토텔레스(B.C. 384~B.C. 322. 그리스의 철학자)

의 책에 소개되어 있다.

  탈레스는 가난했다. 가난하기 때문에 그에게는 철학이 소용에 닿지 않는다는 비난에 대한 그의 반론, 반증이었다. 그러나 그가 돈을 벌려고 생각하면 곧 벌 수 있다고 실증한 데서 묘미를 찾고자 한다. 요컨대 머리를 움직이는 일이 필요하다.

  남이 미처 생각지 못하는 곳에 예민하게 머리를 움직일 수 있는 상인은 언제나 돈을 벌 수 있는 것이다.

64
사람 같지 않으면 팔지 않아

교양이 부족한 사람은 다음과 같다.
① 스스로 반성하지 못한다.
② 남을 신뢰하지 못한다.
③ 부하를 잘 다루지 못한다.
그 좋은 예가 진시황이다.
그는 2천여 년 전에 중국을 통일한 대제국의 군주였다.
그는 출생 이후 모든 경력을 조작했다. 별로 교육도 받지 못하고 학문이라면 질색하는 천자(天子)였다. 진짜 아버지는 재상 여불위(呂不韋)였고 모친은 미인 무희(舞姬)였다.
싸움에 이겨 천하를 통일했으나 평화를 유지하고 문화를 발달시킬 만한 능력이 없었다.
'말 위에서 천하를 뺏을 수는 있으나 다스릴 수는 없다.'

이것은 도쿠가와 이에야스의 말이거니와 사실 그대로였다. 진시황은 끝내 나쁜 왕이라는 말을 지금까지 남겼다.

이 말을 상인에게 접목시켜 보자.

정녕코 교양을 높이도록 노력해야 할 것이지만, 상인에게 필요한 것은 고상한 교양이 아니라 상인 근성이 있는 교양이다.

상인의 계율은 정말 엄격하다. 예컨대 몽고의 징기스칸이 만든 성문법(成文法)의 규정을 보면, 몽고 사회에 있어서도 상인의 신의, 상인의 계율이 엄했다는 것을 알 수 있다.

'상품을 구입했다가 파산하고, 다시 구입했다가 파산하고, 또 다시 상품을 구입했다가 파산하고, 이와 같이 세 번 파산하면 사형에 처한다.'

이것이 13세기 경의 계율이었다.

장시의 계율을 범하면 추방되거나 사형을 당하는 임연한 사실을 과감하게 돌파하기 위해서는 굳건한 상인 정신이 필요했다. 상인 근성이 필요한 것이다.

옛날 오사카에 떡만두가 유행한 일이 있었다. 그 당시의 상인 근성에 대한 이야기가 지금까지 전해져 온다.

어느 날, 거지가 떡만두 10개를 사러 왔다.

"당신같이 사람 같지 않은 사람에게는 팔 수 없소."

"그냥 달라는 게 아니잖소. 보다시피 돈을 가지고 와서 사겠다는 겁니다. 같은 인간인데 거지에겐 팔지 말라는 법이 어디 있소?"

"그러니까 당신은 평생 거지 신세를 면하지 못하는 거요. 우리 집 떡만두는 특히 정성을 들여 만든 것으로 이름을 대면 알 만한 명사들이 칭찬을 아끼지 않는 물건이오. 거지에게 판다면 부정을 타게 되오. 그토록 먹고 싶다면 진실한 인간이 되어 사러 오시오. 남에게 빌어 겨우 목숨을 유지하는 주제에, 지금 돈이 조금 있다고 해서 이처럼 고급 음식을 먹으려 한다면 세상을 업신여기는 일이 되오. 그러므로 당신에게는 팔 수 없소."

끝내 팔지 않았다고 한다. 이것이 바로 상인의 식견이 아니겠는가.

6

물건 파는 데는 체면도 없다

65
어디에서 시작하면 좋은가

어디에서 장사를 배울 것인가.

젊은 시절은 한 번밖에 오지 않는다. 때문에 몹시 망설이게 된다. 경험 없는 청년에게는 아무래도 번화한 도시가 그리워지고 장사에도 도움이 된다고 여겨지게 마련이다. 오늘날이라면 우선 미국에 간다거나 역시 꽃다운 파리밖에 없다고 하며 제법 멋진 발상이라 확신하게 되는 것과 마찬가지로.

이런 관점에서 볼 때 스위프트(1839~1903. 미국의 정육업자)는 착실했다. 고기 통조림과 식육(食肉)으로 세계에서 가장 유명한 스위프트 회사 창시자가 걸은 길은 실로 대단했다.

미국에서는 고기가 주식이므로 막대한 양이 필요했다. 그러나 1세기 전에는 가내공업적인 방법으로밖에 생산되지 않았다. 그것을 대량생산 방식으로 전환시킨 것이 스위프트였다.

보스턴에서 조금 떨어진 코드곶의 모래땅과 송림뿐인 마을에서 태어난 스위프트가 고기를 팔기 시작한 어린 시절, 어쨌든 그의 장소 선정은 현명했다.

신선하고 질 좋은 고기를 팔기 위해 여러 가지 연구를 거듭하던 중에 '어디에서 팔 것인가' 하는 문제를 해결한 것은 감탄할 만한 일이었다.

길게 뻗은 곶의 끝, 코드곶이 입지로서 적당치 못하다는 것은 말할 나위도 없다.

70마일 북쪽에 있는 프린스턴에 가면 유명한 가축시장이 있다. 가축을 구하기 쉬운 곳으로 가지 않으면 사업은 발전하지 않는다. 이런 식으로 생각한 끝에 그는 행동을 시작했다.

① 우선 코드곶의 남쪽 끝 이스트햄으로 갔다.
② 다음에는 코드곶 서쪽 마을로.
③ 다시 몇 마일 동쪽에 있는 마을로.
④ 랭커스터로(보스턴 서쪽 40마일).
⑤ 여기에서 가까운 크리턴으로.
⑥ 프린스턴에 이주하여 수출용과 도살용 가축 구입에 종사.
⑦ 알바니로. 가까운 가축 공급지에서 살기 위해서였다.

그리고 또 한가지 뛰어난 이유와 착상이 있었다. 당시 개발되기 시작한 철도를 이용하여 값싼 소를 동부로 이송하면 벌이가 된다고 생각했기 때문이었다.

⑧ 시카고로. 가축의 최대 공급지로 가자.

아내는 너무나 잦은 이사에 반대했다. 당연한 일이라고 백번 인정하면서도 '시카고가 최후의 정착지'라며 겨우 설득했다. 이리하여 시카고로 이주했다. 스위프트의 나이 35세. 이것이 뒤에 세계적인 식육회사로 자라게 된 계기가 되었다.

코드곶에서 아무리 장사에 열중했어도 세계적인 스위프트 식육회사는 실현되지 않았을 것이다.

'고기를 팔려면 시카고로.'

스위프트는 명석한 판단을 내렸다.

역시 '식용육이라면 시카고다'라고 판단하여 이곳에서 크게 성공한 아모어 제육 회사의 창립자인 던포드 아모어도 입지 선택이 그 시초가 되었다.

뉴욕의 어느 가난한 소작인 집에서 농사에 종사하는 동안 이미 그는 20세가 되어 있었다. 캘리포니아에서 일확 천금을 노리고 손을 댔던 금광은 실패했다. 그리고 그는 식육에 관심을 쏟았다.

원래 농가 출신인 던포드 아모어에게는 농업용 가축에 대한 지식과 체험이 있었기 때문에 농가와의 거래는 처음부터 순조로웠다. 여기서 손을 댄 것이 고기 통조림. 이것이 나중에 대성공을 거두게 되는데, 그때의 판단이 옳았다. 시카고가 장차 그 중심지가 된다고 내다본 것이었다.

지금으로부터 백 년 전인 그 당시에 이러한 자신감은 어디서 생겼을까.

사물에 대한 조리 있는 사고 방식을 가지고 남의 말을 부지런히 분석했기 때문이다.

앞으로는 서부가 눈부시게 발전할 것이다. 그렇다면 당연히 여러 가지 수요가 생긴다. 그것을 시카고에서 담당하게 될 것인데, 특히 식용육 시장으로는 가장 좋은 입지적인 조건을 갖추고 있다
──이러한 선입관에 기초한 선택이었다.

옛날 혼쿄에서 신쥬쿠로 이전한 나카무라야나 간다에서 신쥬쿠로 진출한 이세탄도 좋은 입지를 남보다 먼저 선택했기 때문에 크게 성공할 수 있었다. 산토 쿄덴이라는 도쿠가와 시대의 대중작가가 쿄야 텐조란 이름으로 상점을 차릴 때 지금의 긴자 1가를 택한 것도 아주 멋진 선택이고.

불교를 전파하기 위해 석가의 경우 어디를 근거지로 삼을까 큰 문제가 아닐 수 없었으리라. 6세기 경 코살라 왕국의 수도를 전도 기지로 삼은 그 혜안은 정말 감탄할 만하다.

수도인 사위성은 상업의 중심지였다. 이곳에서 사면 팔방으로 상업 교통로가 통하고 있으므로 북방 인도의 중심지로 자연히 형성되었다. 또 한 가지 착안 ── 원래 상업이 번성하는 곳에는 반드시 자유와 새로운 정신이 있다. 전통이나 인습에 사로잡히지 않는다. 그리고 돈도 풍부하다. 돈 많은 거상이 석가에 귀의했기 때문에 자금도 풍부히 조달할 수 있다.

그렇다고 번화한 시내 한가운데서는 수도(修道)가 불가능하다. 따라서 도회의 근교가 입지로서는 가장 바람직한 곳이 된다.

어느 부자가 그곳에 훌륭한 절을 지어 석가에게 기증했다. 그곳은 원래 태자(太子) 제화의 소유지인데 이를 한문으로 번역하면 '기타원(祇陀園)'이 되고 약하여 '기원'이라 한다. 그 위에 절 즉 정사를 세웠으므로 '기원정사'라 부른다.

이와 같이 명석한 석가의 입지 선택으로 불교는 크게 융성하고 전도에도 성공했다. 이렇게 말한다면 속된 견해라 할지 모르나, 어쨌든 석가의 합리성은 본받아 마땅하리라고 본다.
　인도 민족 자본의 성공자인 잠세드지 타타가 1907년에 설립한 제철소의 위치는 캘커타 서쪽 210킬로 되는 곳에 있다. 가까이에 질 좋은 석탄이 있고, 또 철광석 산지도 그곳에서 가까우므로 절호의 땅이다. 허허 벌판이던 그곳이 이제는 인구 50만이 넘는 잠세드브르라는 도시가 되었다.
　어디서 —— 라는 가장 기본적인 문제를 철저히 파헤치는 힘이 성공 상인에게는 반드시 구비되어 있다.

66
곁에서 돈벌이를 찾는다

 옛날과는 달리 교통기관이 발달한 오늘날에는 지역형 중소기업에서 격지형 중소기업으로 바뀌기 쉽다. 즉, 먼 거리에 있는 고객을 잡는다든지 무리하게 판매 범위를 넓게 확장하려 든다. 교통이 나쁜 영업 행위로 나타나게 된다는 뜻이다. 이것은 무척 위험한 짓이다.
 사실도 먼 거리의 고객을 유치하기란 쉽다. 계속해서 거래를 유지하기도 어렵다. 교통비나 시간적인 손실만 해도 적지 않다.
 또한 판매 범위를 넓힌다면 그 때문에 등잔 밑이 소홀해져서 무엇을 위한 판로 확장인지 그 이유를 정확히 알 수 없게 된다.
 비록 하청 기업일지라도 모회사가 없을 때에는 격지형은 피하고 유치하거나 지키기 쉬운 가까운 지역의 고객을 대상으로 하는 '지역주의'에 더 철저히 하는 것이 바람직하다.
 세일즈맨에게 자동차가 있을 경우에는 아무래도 판매가 격지형으로 되기 쉽다. 하지만 자전거를 이용한다면 싫어도 가까운 거리에서 판매할 수밖에 없다.

작은 지역이나 가까운 곳만을 상대로 해서는 장사가 안 된다고 생각하는 사람이 있을지도 모른다. 하지만 그것은 잘못된 생각이다. 지역 내에서 장사가 안 된다는 것은 상품이 그 지역의 수요에 맞지 않거나 고객의 진정한 수요를 파악하지 못하기 때문이다. 다시 말해서 그 지역에 대처하는 진정한 전략이 없음으로 나타난다. 마케팅이란 고객의 잠재 수요를 찾아내는 일 아닌가.

지역형으로는 영업이 안 된다고 생각하는 사람은 마케팅의 의미를 이해하지 못하는 사람이다.

오늘날에는 대기업들도 마케팅 체계를 전국형에서 지역형으로 좁혀 가고 있다. 전국적인 잠재 수요의 발굴이 끝난 오늘날, 지금까지와 같은 광역 마케팅으로는 진정한 마케팅이 불가능하기 때문이다.

따라서 중소기업이 지역형 마케팅은 적당히 얼버무려 놓고 격지형으로 치닫는다면 바로 옆에 있는 시장을 대기업에 빼앗겨 버릴지도 모른다.

식품·건축 자재·농기구 등은 원래 지역형 산업이었으나 최근에 이르러서는 대부분의 기업이 격지형으로 바꾸어 버렸다. 이들 업계가 오늘날과 같은 혼란이나 고통을 겪지 않을 수 없는 원인이 여기에 있다.

격지 판매, 전국 판매를 위해서는 거액의 선전비나 판매 루트를 정비할 자금이 필요할 뿐 아니라 그 때문에 판매 비도 높아진다. 더욱이 지금까지 질 본위였던 생산 체제를 무리하게 양산 체제로 바꾸다 보니 아무래도 상품의 질이 떨어지게 마련이고, 그것이 바로 그 지역의 고객을 크게 실망시키는 주요 원인이 된다.

영업을 확대하는 것은 좋지만 그것이 지역 확대만을 위한 일이라면 큰 문제이다.

전쟁과 마찬가지로 시장에도, 여기까지 나아가는 것은 좋지만 이 이상 앞으로 나아가서는 안 된다는 공격 중지선이 있다. 그것을 무시하고 계속 앞으로 나아가는 것은 아웃 레인지이며 성과 역시 기대할 수 없다.

교통기관의 발달, 시장의 전국적·표면적 팽창은 어느 사이 '공격 중지선'을 애매하게 만들어 놓았다. 어디까지 진출해야 할지, 앞으로 나아가는 데 있어서의 이해 득실은 어떤지를 경영자는 다시 한 번 계산하여 힘만 많이 들고 결과가 좋지 않은 격지형 경영은 가능한한 피하는 게 어떤가 싶다.

대신 전선을 될 수 있는 대로 축소시켜 본래의 지역형 경영으로 돌아가도록 노력해야 한다.

67
장사는 남에게 맡기지 않는다

 중소기업이 확대되면 자금 조달이 곤란하게 된다. 그리하여 경영자는 자금 마련을 위해 쫓아다니느라 지금까지처럼 영업에 힘을 쏟기가 어려워진다. 그러면 누군가에게 영업을 맡겨야겠다고 생각하고 마음에 드는 인물을 찾아 나선다. 때로는 베테랑, 대어라고 할 수 있는 인물을 스카웃해 오기도 한다.
 하지만 이런 사고 방식은 위험하다. 경영자가 자금 조달이나 다른 일에 바빠 영업에 손을 댈 수 없는 경우에는 차라리 자금 조달을 누구든 믿을 만한 사람에게 맡기고 자신은 지금까지와 마찬가지로 영업에 전념해야 한다.
 이를테면 거래 은행에 부탁하여 적당한 인물을 소개받을 수도 있다. 그러는 편이 경영을 자연스럽게 진행시키는 길이다.
 모름지기 자금 조달이 어려운 것은 영업이 약하기 때문이다. 경영자가 진지한 태도로 영업에 임한다면 약한 영업도 자연히 강화되어 그만큼 자금 조달도 쉬워진다. 그리고 일상적인 경리나 자금 조달은 착실하고 신용 있는 사람에게 맡겨도 좋지 않은가.

그럼에도 불구하고 영업을 남에게 맡기는 것은 일을 뒤집어 놓는 결과를 초래한다. 즉, 약한 영업은 더욱 약화되고 자금 조달 업무는 한층 더 바빠지게 된다. 특히 영업의 베테랑이란 사람을 외부에서 스카웃했을 경우가 문제이다. 이 경우 그 회사의 영업이 강화되기는커녕 약화되는 일이 많다.

또한 정말로 유능한 영업인이라면 그렇게 간단히 스카웃될 리 없다.

아무리 유능한 영업인일지라도 상품이나 시장의 특성을 충분히 이해하고 있지 못하면 그 능력을 제대로 발휘할 수 없다. 그리고 유능한 영업인인 만큼 영업이나 상품에 대한 개인적인 기호가 분명하고 편견을 갖고 있기 마련이다. 그토록 사고 방식이 극단적으로 치우친 사람은 새로운 영업에 수완을 보이려 하지 않는다.

그리고 대기업의 영업인을 간부로 앉히는 경우, 이들은 대기업의 영업 활동이나 처리 방법에는 익숙하지만 중소기업의 영업 활동이 실질적으로 어떠한지 모르기 때문에 훌륭한 영업 활동을 하기는커녕 자칫하면 실속 없이 끝나는 수가 있다.

예컨대 쓸데없는 인사 치레에 시간을 뺏기거나 꼭 필요하지도 않은 광고를 하게 만든다. 기회 있을 때마다 접대비나 교통비만 쓰려고 한다. 그것이 결실을 보면 괜찮겠지만 거의 실속 없이 끝나버리는 경우가 많다.

영업을 남에게 맡기면 처음 기대와는 반대로 변변한 결과를 얻지 못하는 경우가 많다는 것이다. 그리하여 본인에게 책임을 물으면 '경영 자체가 문제'라든지 '상품이 나쁘기 때문'이라고 정색한다. 그리고는 '그럼 그만두겠습니다' 하고 달아나 버린다.

이래서는 아무런 보람이 없다. 교통비만 날려 버린다. 늘 뽐내고 있다가 정작 급할 때 도망쳐 버리는 겁쟁이 호위병 같다. 이런 일로 난처한 꼴을 당하는 경영자가 많다. 하지만 나쁜 것은 상대방이 아니다. 중대한 장사를 남에게 맡기려는 경영자의 사고 방식이 나쁜 것이다.

중소기업의 경영자는 기업이 약간 확대되더라도 영업에서 눈을 떼어서는 안 된다. 그리고 영업 제1 우선 원칙 아래 자신이 안심하고 영업 활동을 계속할 수 있도록 경영 체제를 갖추고 인력을 이용해야 한다.

눈앞의 자금 조달이니 재무상의 복잡한 일에 매달려 무엇보다 중요한 영업 활동을 남에게 맡기지 않도록 조심한다.

68
손익 분기점을 항상 잊지 않아

오사카 상인은 예로부터 이익을 적게 남기고 많이 팔음으로써 돈을 번다. 이익을 적게 남기기 때문에 어디서는 손해, 어떤 것은 본전, 또 어디서는 이익을 본다는 것을 분명히 알 수 있다.

오사카는 돈 벌기 어려운 곳인데도 상인들은 착실히 돈을 모은다. 그 대신 에도는 벌기 쉬운 곳인데도 그곳 상인들은 별로 벌지 못한다.

요컨대 오사카 상인에게는 '손익 분기점'이 잘 보이는 것이다.

매상고에만 신경을 쓰는 상인은 사실 상인이 될 자격이 없다. 여기서부터는 손해, 이 정도면 약간의 이익을 볼 수 있다고 판정할 능력이 있는 상인만이 정말 상인이다.

에도 시대, 죠반교에서 곧장 뻗은 무로마치와 텐바쵸 일대는 상점이 즐비한 거리였다. 거기에 갑과 을의 두 옷가게가 있었다. 갑 상점은 교토의 니시진에서 구입한 옷을 매상에만 신경을 쓰면서 싸게 팔았다. 언제나 가게는 손님으로 붐볐다. 연간 매상이 1천 냥이나 되었다. 그런데 결산해 보면 겨우 1냥의 이익이 있을 뿐이었다.

반면에 을 상점은 손님이 적었는데도 연간 10냥의 이익이 올랐다. 매상은 1백 냥에 불과했으나 착실히 1할을 번 것이다. 갑 상점의 10배를 벌었으므로 효율이 다르다. 이것은 실제 있었던 이야기이다.

1687년 경, 밀떡을 만들어 파는 마고 헤이지라는 사람이 있었다. 어느 날 그 가게에 멋진 가마가 와서 멎었다. 깜짝 놀라 바라보니 하다모토(에도 시대에 장군에 직속된 무사)인 아마노 미고우에몬이 가마에서 내리고 있었다.

"그대가 파는 밀떡이 이토록 소문이 자자한 줄 몰랐네. 맛이 있어 계속 먹으면서도 그런 사실을 몰랐다니……. 그러나 만일 그대가 세상 소문에 자만심을 갖고 조금이라도 그 값을 올리려 한다면 장사는 그때로 이미 끝장인 걸 알아야 하네. 그 이유는 다른 데 있는 게 아니니까."

즉, 같은 값인데 맛이 좋다. 그러기에 잘 팔린다. 맛이 있고 값도 인정할 수 있다면 당연한 일이다. 이것이 세상의 상식이다. 허나 그렇지 않다면 지금까지 호평을 받은 것 만큼 그 앙갚음도 크다. 이 상태에서 값이 오르기라도 한다면 현재의 상인 자신이 값이 싸기에 잘 팔리고 있다고 착각하기 쉬우므로 인기가 떨어지고 불평도 오히려 심해지니까.

값을 올리면 곧 장사가 쇠퇴할 것이니 명심하라는 의미였다.

미고우에몬이 멀리서 일부러 찾아와 충고해 주는 게 너무도 고마워서 마고 헤이지는 그 후에도 값을 올리지 않았다. 그리하여 사업은 더욱 번창해져서 이제는 종업원을 일곱명이나 거느리는 신분이 되었고 에도의 명물로 이름 높았다고 한다.

판매 가격을 결정하는 방법은 천차 만별이다

그러나 분명한 사실은 한 가지이다. 제조하는 사람들은 모두 진심 어린 마음으로 통례적인 삯으로 밤낮 없이 열심히 일한다. 그리고 상인은 어떤 물건은 몇 할을 남기며 구입 가격은 얼마라는 것을 파악해 이익을 적당히 붙인다.

이때가 중요하다. 통례보다 이익을 적게 붙어 팔며 그만큼 손님을 위하는 일이 되어 단골 고객도 늘어난다. 그러므로 통례대로 이익을 붙이는 것보다 오히려 경영의 수지는 호전된다. 이로 보아 다음과 같은 이론이 성립된다.

① 상업의 근본은 수익에 있다.
② 홍정은 수치가 아니다.
③ 상인이 파산하는 원인은 낭비에 있다. 상인의 제일 큰 손실은 본전을 잘라 먹는 데 있다.

이러한 사실을 꼭 명심해야 한다.

뉴욕의 메이시 백화점 판매 가격은 언제나 우수리 숫자가 붙는데, 이것도 정책의 한 가지이다. 예컨대 98센트 등이 그것이다. 다이아몬드를 월부로 판 시어즈 로버크도 훌륭하지만, 가구류를 월부로 판 세계 최초의 용기도 가상하다.

5번가의 보석상 티파니에서는 스탠다드 상품의 값이 다른 곳보다 싸고, 수리비는 견적보다 더 싸다. 그러면서도 정가 판매 제도를 시행하고 있다.

균일 가격 방식을 채용한 선구자는 스튜어트이다. 그는 19세기 중엽 미국 굴지의 상인으로 아일랜드의 벨파스트 출신인 철저한 장사꾼이었다.

사이먼 라잘라스는 불과 3천 달러로 장사를 시작했다. 그는 '제일 값이 싼 상점' '균일 가격의 상점' '전 상품 적정 가격'을 광고했다고 한다. 먀셜 필드 회사에서는 지하에 판매장을 설치하여 사상 최초로 상품을 정가 이하로 판매했다. 또 값을 깎는 것이 상식인 시대에 오히려 리치 회사에서는 정가 판매를 실시하여 성공했다.

모든 회사가 값을 어떻게 정할 것인가를 연구한 결과이다.

69
손해 보면서도 이익 올리기

  구입한 값보다 5% 싸게 팔아도 훌륭한 벌이가 된다. 이것은 잘못 말한 것도 잘못 설명한 것도 아니다. 사들인 값에 5% 싸게 팔았는데도 손해 보지 않은 사람이 실제 있었기 때문이다. 이는 머리의 문제이다. 상식을 초월한 머리의 지혜이다.

  호탕한 베니스의 상인들은 대상(隊商)을 이루어 알프스 산맥의 그 험난한 산과 강을 넘어 위험한 여행을 계속했다. 그들이 이르는 곳마다 적의를 품은 나라들이 있고 횡포한 강도가 있었으며 해적도 있었다.

  그러나 어떤 장애가 있더라도 이들 용감한 상인에게 있어서는 극복되기 위한 장애에 불과했다. 이리하여 베니스의 상인은 유럽의 모든 시장에 손을 뻗쳤다. 아우구스부르크, 뉴른베르크, 부르제 등의 시장에도 베니스 상인의 근거지가 생겼다.

이 부르제에서 베니스의 상인은 영국과 무역을 했다.

영국제 나사, 면포, 석기 등을 구입했다. 구입한 상품은 부르제에서 현금으로 팔았으나, 구입 대금의 지불은 신용 거래였으므로 훨씬 나중에 결제해도 되었다.

이때 현금 판매가 구입 가격보다 5% 쌌다. 그러므로 현금을 교묘히 이용했던 것이다 —— 그것은 아마도 단기적인 돈놀이로 비싼 이자를 받았을 것이다.

신용 거래로 구입한 대금 지불 시기가 왔을 때, 그 현금은 제법 불어나 지불을 하고 나서도 상당한 액수가 손에 남아 있게 된다. 그것이 버는 돈이었다.

70
잘 만들어야 잘 팔지

'우리 회사는 만들기는 잘 하는데 파는 데는 아무래도…….'
 이런 사람이 우리 주위에는 의외로 많다. 그런 사람은 '정말로 잘 만들고 있는가'를 스스로에게 되물어야 한다.
 세상에서 만들기는 잘 하는데 팔지 못한다는 예는 있을 수 없지 않은가. 물건이 팔리지 않는다면 잘 만들지 못했기 때문이다. 적어도 그들이 만든 물건이 시장이나 고객의 현실적인 요구에 맞지 않아서이다.
 이런 사실을 바로 보지 못하고 '만들기는 잘 하는데' 하는 것을 전제로 '자, 그럼 이제부터 파는 공부라도 좀 할까' 하는 식으로 판매 방법을 연구한다면 신통한 결과를 기대할 수 없다.
 그런 연구에는 '만들기는 잘 하는데' 하는 자만심이 자기도 모르게 숨어 있다. 그래서 모처럼의 '팔기 위한 공부'도 잔재주 부리기의 연구에 지나지 않고, 그것마저도 '그렇게 귀찮은 일은 하지 않겠다'는 배짱으로 우물우물 해치우고 만다.

오랫동안 하청업을 했거나 모회사의 지원 아래에서 자란 회사가 급속히 판매의 명수로 탈바꿈하지 못하는 것은 이런 이유 때문이다.

문제는 '만든다'는 데에 참뜻이 있다. 예를 들어 '만든다'는 것을 공장에서 물건을 어떻게 '만든다'는 것으로 생각하면 안 된다. 이것은 사실에 있어서는 만들고 있는 것이 아니라 '만들어지고 있는 것이다.' 즉, 미리 계획 설계된 '물건'을 지시서에 따라 조립하거나 일정한 양과 값, 그리고 시간을 적절히 조정하여 양산하고 있는 것이다. 이러한 형태로 '만든다'거나 '만들어지고' 있는 형태를 일반적으로 모방 생산 또는 단순히 생산(Production)이라고 부른다.

이에 반하여 '만든다'는 본래의 의미는 공장에서 '생산'에 들어가기 전에 '물건'을 기획하고 설계하는 일이며, 이것이 제대로 되지 않는다면 필경에는 상품으로서 팔리는 물건이 나오지 못할 것이다.

따라서 '만드는 명수'가 되려면 무엇보다 먼저 상품의 기획, 설계에 역점을 두는 것이 선결 문제이지만, 오랫동안 하청업자로서 생산에 종사한 기업이나 공장에서는 이러한 의미에서의 '만들기'에는 감각이 없다.

그뿐 아니라 '만든다'는 의미를 잘못 알고 공장에서 생산하는 것이 '만든다'는 것이며 그러한 생산에 익숙해지는 것을 두고 우리들은 '만들기의 명수'라고 착각하고 있는 예가 많다. 그래서 '만들기는 잘 하는데' 하는 말이 나오게 되는데, 바로 그것이 실패의 원인이 된다.

경영자가 하청에서 벗어날 것을 생각하고 스스로의 힘으로 물건을 만들고 그것이 팔리도록 하려면 팔기를 생각하기 전에 '만든다'는 참뜻부터 다시 인식해야 한다. '생산의 명수'에서 참다운 '만들기의 명수'가 되어야 한다.

진지하게 시장을 조사하여 소비자가 요구하는 물건이 무엇인가를 생각해 내고, 그것을 참된 물건이 되도록 설계하고 디자인하는 능력을 강화해야 한다.

물론 결코 쉬운 일은 아니다. 허나 어려운 것은 '만든다'는 데 대한 인식을 뜯어고치는 정신 개조로써, 그것도 오랫동안의 습관에서 '만든다'는 의미가 뒤바뀌어져 있을 뿐이며, 이렇게 뒤바뀌어져 있다는 사실을 자각하게 되면 이 일은 그렇게 어렵지도 않다.

그에 비하여 오랫동안의 '서투른 판매자'가 '판매의 명수'로 되려면 매우 어렵다. 그것은 불독에게 세퍼드처럼 달리라고 하는 것과 흡사하다. 불가능에 가깝다. 이렇듯 졸지에 되지도 않을 일을 생각하기 보다는 쉬운 일부터 차례차례 해나가는 것이 바른 경영이다.

71
물건과 상품은 어떻게 다른가

 상품은 제품이 아니다. 제품은 단순한 '물건'이지만 상품은 단순한 '물건'이 아니다.
 상품은 고객이 돈을 지불하고 사가는 것이다. 거기에는 고객이 눈으로 보아 이것은 쓸모가 있다, 이것은 좋은 것이라는 어떤 가치 기준이 있기 마련이다.
 그러한 가치 기준을 가진 '물건'이 상품이다. 이것을 다른 말로 표현하면 상품은 효용과 질의 복합체이다.
 그런데 일반적으로 효용이라든지 질이라는 것은 크게 나누어 다음의 두 가지로 분류된다.

 효용 < 본원적 효용
      전이적 효용   질 < 경제적 질
                         문화적 질

 본원적 효용이란 그 상품의 기본적 효용이며 여기에서 연역된 것이

파생적 효용이다. 전이적 효용이란 본원적 효용에서 완전히 떨어진 '생각지도 않은 효용'으로, 상품을 사용하고 있던 중 뜻하지 않게 나타난 효용을 말한다.

경제적 질이란 그 상품의 질이 경제성을 전제로 하는 형태로 측정될 수 있는 경우의 질이다. 예를 들면 '싸지만 좋은 물건이다' 라든지 '비싸지만 쓸모가 없다'든지 '튼튼하고 야무지다' '조작이 간단하여 편리하다'는 식으로 평가되는 질에 대한 판단이다.

문화적 질이란 그 상품의 질이 경제적인 질처럼 가측적인 것이 아니고 그 판단도 사람의 성격과 센스에 따라 각양 각색으로 달라지는 질이다.

일반적으로 색이나 디자인, 겉보기와 맛에 따라 '좋다' '나쁘다' 가 판단되는 경우의 질이 문화적인 질이다.

이와 같은 효용과 질을 원 안에서 직각으로 교차시켜 본다.

여기에는 (1)에서 (4)까지 네 가지로 등분된다. 즉 (1)은 본원적 효용

```
         본
         원
   (4)   적   (1)
         효
         용
 문화적 질      경제적 질
         ─────
         전
         이
   (3)   적   (2)
         효
         용
```

과 경제적 질이 균형을 이루고 있는 곳, (2)는 경제적 질과 전이적 효용이 균형을 이루는 경우이고, (3)은 전이적 효용과 문화적 질이 균형을 이루는 경우이며, (4)는 문화적 질과 본원적 효용이 균형을 이루고 있는 곳이 된다.

이 가운데에서 상품으로써 가장 바람직한 것은 (1) 또는 (4)이다. (1)은 생산재 또는 일용 필수품이 많고, (4)는 복식 상품 또는 그밖의 고급 대중 소비재가 많다.

(2)의 경우, 그 전이적 효용이 손해되지 않는 한 상품의 기반 확대를 위하여 어느 정도 강화하는 것이 바람직하다.

일반적으로 이곳에 의존하는 상품은 대중 소비재가 많은데, 생산재는 적지만 가능하다면 이곳을 개발할 필요도 있다.

가장 낭비가 많고 피해야 할 곳은 (3)이다. 효용의 실체도 찾기 어렵고 그 문화적 질도 (4)의 경우처럼 뚜렷하지 못하다. 요컨대 내용을 파악하기 힘든 진흙탕 같은 곳이다.

이상이 상품의 뜻이며, 그 효용과 질에 대해 특히 주의해야 한다.

72
파는데는 체면도 없어

닉슨은 소련에 펩시 콜라를 팔았다. 기업이 소련에 판 것이 아니라 미국의 높은 양반이 소련 수상에게 세일즈 활동을 한 것이다.

나라가 번영하기 위해서는 국가의 중추 수뇌부가 스스로 앞장서서 판매 활동을 해야 한다.

1959년 모스크바 견본 시장에 나타난 사람은 당시의 미국 부통령 닉슨이었다. 흐루시초프 수상과 이른바 부엌 논쟁을 벌여, 이때 가지고 들어간 것이 미국 특산품인 펩시 콜라였다. 이리하여 미국 경제의 실력자인 펩시 콜라 회장인 켄들 씨와 닉슨과의 친교 체제도 수립되었다.

닉슨은 그때만이 아니었다. 언제나 미국 제품을 팔려고 들었다. 그 또 하나의 예가 일본에 대한 것이었다. 1972년 미국 캘리포니아 주 샌 클라멘트에서 미·일 수뇌 회담이 개최되었다.

만찬회의에서의 닉슨과 사토 수상과의 대화는 닉슨의 세일즈 토킹이 주무내였다.

닉슨의 음료수는 미국산 오렌지 주스였다.

"매일같이 이것을 마신답니다."

닉슨은 곁에 앉은 사토 수상에게 말을 걸었다. 오렌지 주스는 쇠고기나 오렌지와 함께 미국의 3대 관심 품목의 하나이다.

이와 같이 정상 회담 자리에서조차 미국 상품을 일본에 팔려 드는 상혼을 간과해서는 안 된다.

미국에 있어서 정치와 경제의 결합은 특히 국제적 분야에서 아주 강하다. 더구나 오늘날과 같은 다국적 기업에 있어서는 미국의 세계 정책과 밀착되어 있다.

그 당시의 럼니 주택도시 개발장관, 허디슨 노동장관. 피터슨 대통령 보좌관, 애버리 대통령 통상 교섭 특별대표, 스텐즈 상무장관 등은 모두 장사꾼이다.

또 닉슨의 휘하에는 현역 다국적 기업의 수뇌인 켄들 씨를 비롯하여 아시, 메트커프 등의 장사꾼들이 있었다.

벨기에의 레오폴드 1세(1790~1875. 초대 국왕)도 여간한 상인이 아니었다.

1867년, 도쿠가와 아키라케 일행이 요코하마 항구를 출발했다.

나폴레옹 3세(1808~1873, 1세의 조카)가 개최한 세계 박람회에 도쿠가와 15대 쇼군(1837~1913. 도쿠가와 최후의 쇼군) 대신 초대되었을 때의 일이었다. 촌마개(메이지 시대 이전의 남자 상투)에 칼 두 자루를 각자 허리에 찬

이들 일행은 모두 29명, 그 가운데는 시부자와 에이치(1840~1931. 실업가) 도 끼어 있었다.

파리의 튜일리 궁전에서 나폴레옹 3세 및 그 왕비와 회견하고 박람회도 구경한 다음 유럽 각지를 여행했다.

벨기에에 갔을 때였다.

리에쥬 제철소를 견학한 뒤 국왕 레오폴드 1세와 회견했다.

국왕이 말했다.

"정말 좋은 곳을 구경하셨군요. 무릇 세계에서 철을 많이 생산하는 나라는 반드시 부하고, 철을 많이 사용하는 나라는 반드시 강합니다. 일본도 강해지려면 앞으로 철을 많이 쓰도록 해야 할 것입니다. 그때에는 꼭 우리 나라 벨기에의 철을 써 주십시오."

시부자와 에이치는 깜짝 놀랐다. 일본에서는 사농공상(士農工商)이라 하여 상인이 제일 아래 계층에 속한다.

'무사는 굶어도 배부른 체한다'는 일본에서 태어난 에이치에게는 다시없는 놀라움이었다. 적어도 국왕의 자리에 있는 사람이 장사꾼 같은 말을 해도 좋은 것일까.

처음에는 국왕까지도 장사꾼이 되는가 하고 크게 의문을 품었으나 나중에는 극히 자연스럽게 '그것이 좋은 일이다. 그래야만 나라가 번영한다'고 에이치는 생각하게 되었다고 한다.

고대 문명국의 상업에서 잊을 수 없는 것은 뭐니 뭐니 해도 지중해 무역의 왕자 페니키아 인이다.

기 죽지 않고 두려움도 없이 우수한 항해 기술을 구사하여 지중해 상업을 제패한 것은 거국적인 상인 근성이 있었기 때문이다.

솔로몬 왕(B.C.971~B.C.932. 이스라엘 국왕)이 예루살렘에 궁전을 지을 계획을 세우고 있었다. 이것을 안 페니키아 인은 곧 활동을 시작했다.

페니키아의 수도 타이야에서 왕을 중심으로 수주(受注) 활동을 개시했다. 하이람 왕이 상공장관의 역할을 도맡았다.

레바논에서 산출되는 질 좋은 삼나무 목재를 토산물로 삼아 우선 수교 사절단을 파견했다. 하이람 왕이 스스로 작성한 친서에는 이렇게 씌어 있었다.

'금번 솔로몬 왕께서 예루살렘에 궁전을 세우기로 결정하셨다는 말을 들었습니다. 정말 경하스러운 일입니다. 말씀드리고자 하는 것은, 우리 페니키아에서는 건축 재료를 싼값에 제공할 뿐 아니라 그 설계나 건축 시공도 제공할 용의가 있다는 것입니다. 원컨대 주문을 내려 주시기 바랍니다.'

수주는 성공했다.

그 후 솔로몬 왕이 에호바 신전을 봉헌할 때에도 다시 페니키아의 하이람 왕에게 특별 주문했다.

예루살렘의 개선문 앞에 세워진 두 개의 대원주(大圓柱)는 금속 제품인데, 그 가운데 하나는 황금 칠을 한 것으로 그 모두가 페니키아 제였다고 한다.

페니키아의 상업이 번성한 것은 이와 같은 상업왕의 노력에 의해서다. 기원 전 3천 년에서 기원 5백 년에 이르는 3천 5백 년 간의 페니키아 상업 번영사 가운데에는 왕 스스로의 판매 활동이 매우 활발했던 듯하다.

프랑스 혁명 전의 재무감(財務監) 콜베르(1619~1683)가 레이스 산업(지금도 선물용으로 유명함) 등을 일으켜 수출 진흥을 꾀한 것도 역시 같은 상혼에서 나왔을 것이다. 그야말로 거국적인 상혼이다.

73
주위가 돈을 벌게 한다

　세일즈란 파는 것만이 능사가 아니다. 사람과 사람의 마음을 연결하는 것이 무엇보다 중요하다.
　마음의 금선(琴線)에 이어지는 사람이 있는가 하면 그렇지 않은 사람이 있고, 핑계를 대지 않는 사람이 있는가 하면 그렇지 않은 사람도 있다. 세일즈맨은 이런 것을 잘 분간해야 한다.
　전에 나는 신탁은행의 외무 관계를 담당했던 일이 있다.
　1955년이 약간 지난 무렵은 겨우 전쟁의 상처가 아물기 시작한 때여서, 미국 일변도에서 어떻게 탈출할 수 없을까 하고 모든 일본인이 모색하던 시기였다.
　모든 사람이 '생각하려'고 하여 '생각에 지친' 시기라고도 할 수 있다. 뉴스, 그것도 참된 뉴스, 참된 정보가 적고 엉터리 정보가 범람하던 때이기도 했다.

그러나 그때에 한하지 않고 어떤 시대에도 참된 정보란 누구나 필요로 하고 원하는 것이다. 참된 정보를 가지고 있으면 상품이 팔리기 전에 세일즈맨 자체가 우선하여 팔린다.

이렇게 생각했기 때문에 나는 열심히 공부했다. 그리하여 좋은 친구로부터 뉴스를 얻을 수 있었다.

첫째, '자기 공부는 자기'라는 수신기의 성능을 높이기 위해 필요하다. 이쪽의 감도가 나쁘면 모처럼 들어온 뉴스나 정보도 그냥 흘려버리게 된다.

예를 들어 '금년 소련 농산물은 1억 4백만 톤이 수확되었다'는 뉴스를 들어도 듣는 쪽에 지식이 없으면 그것이 많은 것인지 적은 것인지 알지 못한다.

대체로 소련의 평균 생산량이 1억 6천만 톤 정도라는 것을 알고 있다면 1억 4백만 톤이라면 큰일이로구나 하고 생각한다.

흐루시초프가 실각했을 무렵, 소련에서 그런 흉작이 나왔다는 말을 들은 적이 있다.

남에게서 들은 이야기의 소재는 단편적인 것들이지만, 그것을 잘 결합시키면 하나의 판단이 가능해진다. 그러나 자기로서는 어떤 예측을 하더라도 그것이 사실인지 아닌지에 자신이 없다.

이럴 때 신문을 주의 깊게 읽어 보면 반드시 자기와 같은 의견이 사설이나 명사의 의견, 혹은 칼럼은 곳에 나와 있다. 이렇게 해서 확신이 생기면 남에게 자기 의견을 말해도 자신 있고 박력이 있으며 확신에 넘치므로 호소력도 강해진다.

어느 해, 어떤 자금 운영 담당자를 방문했다. 그것이 매일 같은 일과의 하나였다. 담당자의 방을 들여다 보았더니 이미 다른 은행원이 와 있었다.

"오늘은 바쁘신 모양이니 다음에 오겠습니다."

인사만 하고 돌아가려 하자 담당자가 손짓을 했다.

"잠깐 물어 볼 게 있는데, 이쪽으로 오시죠."

먼저 와 있던 은행원은 이 한 마디 말로 자리를 뜨지 않을 수 없는 입장이 되었다. 단둘이 되었을 때 나는 담당자에게, 먼저 온 손님을 무시하고 왜 나를 불렀느냐며 그 이유를 물었다.

"당신에게는 좋은 정보를 얻을 수 있으니까요."

그는 유쾌하게 말했다. 당연한 일로, 예금의 누계 잔고는 어느새 내 은행 쪽이 제일 많아져 다른 은행이 손을 드는 결과가 되었다.

'저 사람과는 만날 필요가 있다'는 생각이 들게 하기 위해서는 맹렬한 훈련, 공부, 연구, 노력이 필요하다. 하면 된다는 확신도 물론 필요하지만.

사람과 접촉하려면 화제가 풍부해야 한다. 오랫동안 교제를 유지하자면 화제가 성실하고 또 아주 풍부해야 한다는 말이다.

초보 세일즈맨들은 야구와 씨름 지식이 없는 사람을 만날 수 없다고 생각하는 모양이다. 그것도 그 나름으로도 필요할 때가 있지만 말이다. 아니 그럴 것이라 여겨 야구와 씨름에 대한 지식을 철저히 주입시키기 위한 방법을 생각하고 그것을 실행해 보기로 했다.

즉 '주간지 돌려 읽기'가 그것이었다. 그때에는 주간지 한 부에 40엔이었다. 부하 6인에게 각기 다른 주간지를 자기 돈으로 사게 했다.

그리고는 그것을 이튿날에 10엔을 깎아 동료에게 팔게 했다. 그 다음 날에는 다시 10엔을 할인하므로 반값인 20엔이 된다.

실제로 도움이 되는 주간지는 7권이 되지 못했다. 분명히 기억하는 일이지만 당시에는 네 권으로 충분했다.

40엔에 산 것을 이튿날 30엔에 동료에게 팔면 실질적인 부담은 겨우 10엔이므로 이 방법은 인기가 있었다. 과원들의 연대감을 높이고 그들 상호간의 사기에도 도움이 되어 화기 애애한 기풍이 조성되기도 했다.

처음에는 별것 아닌 주간지 따위나 읽다니 유치하다고 다른 과에서 비난과 야유가 퍼부어졌다. 그러나 별것 아닌 정보라도 자꾸 쌓아 올리고 결합하면 그 지식과 판단력은 결코 무시할 수 없다는 것을 알게 되었다.

처음에는 고객에 대한 서비스로 생각하여 실행했지만 그 후 분명 고객과의 접촉도 향상되었다. 주간지적인 정도의 접촉이라 생각해서는 안 된다. 그런 별것 아닌 지식에 의한 효과가 아니었다는 사실을 뒤늦게 깨달았다.

무엇보다 큰 성과는 우리 과원 한 사람 한 사람이 마음에서 끓어오르는 듯한 '활기'가 넘쳤다는 데 있었다. 원래는 고객을 즐겁게 해 주기 위한 '주간지 읽기'를 실행했었는데, 실제로는 그 활기가 상대방에게 호감마저 주었다.

'당신네 사원들은 모두 명랑하고 활기가 있어 좋군요'

이렇게 칭찬 받았을 때의 기쁨이란 아는 사람만이 이해할 것이다.

'오래 접촉한다'는 것은 결국 방법론적인 테크닉이나 기술, 또는 하우 투(how to)가 아니란 것이 판명되었다.

 고객에 대한 상인이나 세일즈맨의 성심 성의. 이러한 표현이 옳은 것인지 아닌지는 알지 못하지만.

74
돈 버는데는 정보가 최고

스님에 대한 보시는 경읽기의 길이에 따르는 것도 아니고 염주나 목탁의 닳는 소모료도 아니다. 스님의 품위와 불가에서의 위치에 따라 무언중에 결정된다. 이상스러운 가격이라 하지 않을 수 없다.

민간 방송이 '시간을 파는 것'은 사실적인 시간이 아니라 그 시간을 메꿀 '정보'를 파는 것이며, 일정한 시간에 제공하는 것이므로 방송은 장사라는 것이 성립된다.

일정한 지면에 정보를 담아 팔면 신문업이 성립된다. 파는 것은 종이지만 사실은 그 종이에 적혀진 정보가 팔리는 것이다.

미국 프리머드의 커피 하우스에 각처에서 온 사람이 자기가 본 사건을 기록하도록 노트가 준비되어 있는 것도 뉴스와 정보를 소중히 여겼기 때문이다.

아니, 그보다도 옛날 교토에 살던 후지야 이치베의 경우가 정보를 전적으로 존중하여 성공을 거둔 대표적인 예가 될 것이다.

주인에게서 5백 돈을 받아 독립한 다음 나가사키에서 외국 무역상을 하여 성공을 거두고, 2천 관〔에도 시대의 돈의 단위. 1관은 960문(文, 分)〕의 재산을 모았다.

그는 못쓰게 된 종이를 뒤집어 공책처럼 만들었다. 그리고는 언제나 이 공책과 먹, 붓을 준비해 두었다. 생각나는 것은 모두 여기에 적어 놓는다.

한 달에 세 번 에도에서 오는 환(換)의 종사원에게도 에도의 쌀 시세나 상품 시세를 물어 메모를 해 둔다. 금 은 시세(에도는 금, 오사카는 은. 그 교환 시세는 장사에 필수적인 지식이 된다)도 적어 둔다. 물론 본업의 시세도 적어 놓는다.

사람이 모이는 곳에는 반드시 뉴스가 있다.

교토 사람들은 무언가 알고 싶은 일이 있으면 그에게 물으러 왔다. 이치베는 그 사람들로부터 다른 정보를 얻을 수 있었다. 이리하여 점점 더 많은 정보가 모이게 된다.

어느 해 그는 물건을 구입하러 나가사키에 갔다. 구입 자금을 호주머니에 넣고 멀리 나가사키에까지 온 이상 무언가 사고 싶어지는 것이 사람의 마음이다. 그러나 살 만한 것이 없어 이치베는 참는 것도 중요하다며 구입을 중지했다. 그러던 중 나가사키의 곡물 시세가 아주 싸다는 사실을 알았다. 평소 에도나 오사카의 곡물 시세는 공책에 적어 놓고 있었으므로 오사카 시세쯤은 이미 암기하고 있는 형편이었다.

'옳지, 이것을 사서 오사카로 운반하자.'

그는 즉시 곡물을 수배했다. 예상대로 오사카에 가져가 크게 벌었다고 한다.

'상인은 시기를 볼 수 있고 변화에 즉각 대처하는 재능이 있어야 한다.'

이후 그는 이렇게 말한다.

나고야의 쌀장수 오바시 나가자에몬도 정보를 소중히 여긴 덕으로 큰 벌이를 했다.

도쿠가와 이에야스가 오사카의 여름 전투에서 도요토미를 멸망시킨 1615년의 이듬해, 나가자에몬은 장사차 에도로 출장갔다. 그곳 여관에서 같이 머물게 된 오쿠슈 사람과 함께 에도 관광을 할 정도로 친밀하게 되었다.

그리고 헤어질 때, 만일 오쿠슈에 흉년이 든다거나 '어떤 변화가 생기면 알려주시기 바란다'고 의뢰했다. 그 대신 '니시노쿠니 주변에 변화가 생기면 즉시 글로 알리겠다'는 등 앞으로 상업상의 정보를 교환하자고 약속한 후 각기 고향으로 돌아갔다.

그 후 5년이 지난 어느 해 9월, 오쿠슈 사람이 홀연히 나고야에 나타나 나가자에몬의 집을 두드렸다. 물건을 구입하러 온 길이라고 했다. 이때 중요한 정보가 굴러 들었다. 금년은 오쿠슈가 대흉년이어서 에도로 반출될 쌀은 예년의 반도 되지 않을 것이라고 했다. 오는 도중에 간토오 지방도 역시 대흉년. 그런데 여기는 보다시피 대풍년.

쌀을 사들여 에도로 반출하면 크게 벌 것이라는 이야기였다. 오바시 나가자에몬은 풍년이 들어 저렴한 쌀을 대량으로 사들여 이것을 에도로 실어 보냄으로써 큰 벌이를 했다.

상인의 수호신은 헤르메스이다. 그 상(像)을 보면 쓰고 있는 모자에는 날개가 달려 있다. 신고 있는 신발에도 날개가 붙어 있다. 이들 날개로 통신 연락을 멋지게 수행한 것이 헤르메스가 아니었을까.

인도의 승려가 이 통신 연락을 훌륭히 수행한 과거의 예가 있다.

발라바(1479~1531. 철학자)라는 세속적 교단의 신도 중에는 상인이 아주 많았다고 하는데, 그 승려는 멀리 떨어져 있는 상업 단체 사이의 연락을 잘 수행했다. 그리하여 신도인 상인들의 상업적 이익과 신앙의 공덕을 융합시켰다고 한다. 이같이 통신 연락에 의한 정보 제공은 상업의 근본이 된다.

석가 —— 고타마 부타가 기원정사라는 전도 기지를 상업 중심 도시에 설치하여 사방으로 통하는 상업 교통로와 이곳을 지나는 상인을 통해 전도를 꾀한 것도 정보 전달의 최적지, 최선의 입지를 고려해서였다.

이런 점에서 볼 때, 프랑크푸르트의 상인으로 출발하여 전 유럽을 지배한 거상(巨商) 로스차일드 5형제의 정보 교환은 정말 훌륭하다. 장남 압셀름(1773~1855)은 프랑크푸르트, 차남 솔로몬(1774~1855)은 빈, 3남 네이단(1776~1836)은 런던, 4남 카알(1788~1855)은 나폴리, 막내 제임스(1792~1868)는 파리.

이 5형제가 유럽의 5대 도시에서 국제적인 협조의 손을 잡아 정보를 교환했기 때문에 다른 사람은 완전히 손을 들게 된 것이다.

전신이 아직 없던 시대, 어떤 우편보다도 빨리 서류를 운반한 로스차일드 가문의 파발마, 즉 통신원은 그들 배로 누구보다도 먼저 영·불 해협을 건너 귀중한 뉴스를 로스차일드 가문 서로간에 교환했다.

1815년 6월 워털루에서 연합군이 나폴레옹 군대를 격파하자. 그 뉴스를 누구보다도 먼저 입수한 것이 로스차일드 일가였다. 일설에는 전쟁터에까지 연락원이 침투해 있었다고 한다.

로스차일드가의 3남인 네이단은 이 정보를 토대로 런던의 증권 시장에서 자신 있고 대담하게 투자하여 결과적으로 크게 돈을 벌었다.

형제가 사이 좋게 협조했기 때문에 뉴스 교환이 신속했다고 하면 그만이겠으나, 사실은 뉴스의 귀중성을 상인으로써 분명히 인식하고 있었기 때문에 가능한 일이었다고 할 수 있다.

천리 길을 멀다 하지 않고 중국의 비단을 찾아 나섰던 페르시아 상인, 지중해 안이건 밖이건 어디든지 달려갔던 페니키아의 상선. 타크라마칸 사막을 두려워하지 않았던 대상(隊商). 그 어느 것을 보아도 이익을 찾아 위험과 모험을 서슴지 않았던 용감한 상인 가운데 언제나 존재하는 것은 좋은 뉴스, 좋은 정보, 좋은 소식이었다.

정보를 얻기 위해 위험과 모험을 무릅썼던 당시의 상인에게서 정보의 중요성이 그대로 교훈으로 나타나고 있다.

75
기막힌 선전, 큰 성공

모자를 제조 판매하는 존 톰슨이라는 상인이 있었다.

점포에 간판을 달려고 여러 가지 문구를 생각하며 지혜를 짜냈다. 원안은 '모자점 존 톰슨은 현금으로 모자를 제조 판매합니다'라는 지극히 평범한 문안이었다. 그런데 자세히 살펴보니 너무도 불필요한 말이 많아 점점 지워 나가는 동안 결국 끝까지 남은 것은 '존 톰슨'이란 자기 이름뿐이었다고 한다.

간판에는 물론 모자 그림을 그리기로 했다. 그 밑에 '모자점'이란 글자는 필요 없다고 보아 제일 먼저 없앴다. 그 다음에 '제조'를 지웠다. 만들기 때문에 파는 것이므로 의미가 없다고 보았다.

세 번째 없앤 것은 '현금으로'라는 글자였다. 당시 모자를 사려면 현금으로만 가능했다. 따라서 당연한 일을 간판에 쓸 필요가 없다고 여겼다. 네 번째로 삭제한 것이 '판매합니다'이다. 점포를 차려 놓은 이상 구태어 간판에까지 '판매합니다'라고 못박을 필요가 없었다. 끝으로 '모자'라는 글자도 위에 그림이 있으니 필요 없다고 보아 삭제했다. 그리고 마지막으로 남은 것은 '존 톰슨'이란 자기 이름과 그 위에 있는 모자 그림뿐이었다.

아토미야 신타로는 다음과 같은 신조를 내세웠다.

① 돈을 벌려면 월급쟁이로는 안 된다.
② 스스로 장사를 해야 한다.
③ 남을 불행하게 만들면서까지 벌지는 않는다.
④ 학력으로 인간의 가치를 재려는 것은 자로 체중을 저울질하는 것과 같다.

원래 그의 성은 '우시로쿠'라고 읽어야 정확한데, 상인이나 실업가는 읽기 쉽게 해야 한다고 여겨 진작부터 '아토미야'라 부르기로 했다.

이는 철저한 장사꾼의 행동이라 아니할 수 없다

그는 전란이 벌어지고 있던 한국에서 고생끝에 한 밑천 잡은 뒤 대만에서 그 진가를 발휘했다. 토목 공사가 한창일 때 벽돌 제조 회사를 만들었지만 여기서는 그가 정육점 '고베야'를 차렸을 때 광고에 쏟은 비상한 재능을 말하기로 한다.

우선 고베의 소를 대만으로 싣고 갔다. 그리고는 일곱 마리의 소에 '고베 소'라는 깃발을 달고 거리를 돌게 했다. 그러자 이 정육점은 대번에 소문이 났다. 결국 쇠고기가 잘 팔려 크게 벌었다. 뒤에 가서는 벽돌도 쇠고기도 안 되겠다, 정육점은 마음에 들지 않는다 하여 집어치웠으나, 광고 방법으로서는 매우 참신한 아이디어가 아닐 수 없었다.

간토 대지진 직후에는 홋카이도의 목재을 사 모으면 크게 돈벌이가 된다고 협력을 구하는 사람이 있었으나, 남이 불행하게 되는 벌이는 절대로 않겠다고 거절한 상인으로서의 기개를 가진 사람이기도 했다.

미국 신문에 사상 최초로 전면 광고를 낸 상인은 와너 메이커 (1838~1922. 미국의 실업가)였다. 싱거 머신 회사는 광고에 이용하는 여성의 머리 모양을 항상 새롭게 하고, 치마도 길게 했다가 짧게 했다가 하여 세상의 움직임에 예민한 반응을 보였다.

'광고를 믿을 수 있어야만 비로소 지불한다. 사업이 부진하다고 하여 줄여서는 안 된다'는 미국 상인 정신의 발로이다.

산토 교오덴(1761~1816. 에도 시대의 통속작가)은 그 당시 아주 유명한 대중 작가이다. 아무리 인기 있는 작가라 하지만, 당시까지만 해도 아직 원고료만으로는 생활할 수 없어 부업으로 담배 포장 가게를 열었다. 장소는 긴자였다.

1792년, 이 사람은 상인으로서의 이름을 교오야 덴조라 지었다.

그는 뛰어난 PR상인이었다. 우리가 그에게서 배울 점은 열성적인 광고 방법. 가을부터 팔려고 하는 상품을 미리 자기 작품을 통해 선전하기 때문에 다른 상인은 도저히 흉내낼 수 없었다.

경축일 날 사람이 많이 모이는 곳에는 광고지를 뿌렸다. 그때까지 없었던 그림과 글이 섞인 기발한 광고물이었기 때문에 대단한 호평을 받았다. 우키요에(에도 시대에 유행한 풍속화) 화가로서는 기타오 마사노부란 이름으로 인정받고 있던 그였으며 스스로 그리는 그림이므로 솜씨도 있었다. 작가인 산토 교오덴이 문필을 휘두르는 것이므로 문장도 뛰어났다. 그것을 상인인 교오야 덴조가 직접 광고로 이용하며 파는 것이므로 3박자가 갖추어진 훌륭한 광고가 되었다.

상품 디자인이 뛰어났고 포장지까지 호평을 받았기 때문에 그 중에는 포장지가 아쉬워 일부러 긴자에 있는 교오야 덴조 상점에까지 와서 물건을 사는 사람도 있을 정도였다.

팔리게끔 상품을 연구하고, 팔리도록 포장지를 만들며, 독특한 광고지를 준비하여 선전에 힘쓰고, 나아가 작가로서 자기 작품 속에서 상품을 선전했다. 이와 같은 장사의 열의가 오늘날 그의 이름을 후세에 전하게 만들었다.

뉴욕 5번가에 있는 브라이언 회사는 임신한 부인들이 입을 수 있는 드레스를 '터니티'라는 이름으로 개발하여 팔기 시작했다. 주문한 사람이 회사 이름을 쓰지 않고 다만 '마터니티 드레스, 사이즈 알마, 아메리카'라고 적기만 해도 편지가 뉴욕에 있는 그 상점에 도착했다고 하니 얼마나 유명했었는지를 쉽게 알 수 있다.

오늘날의 광고는 우선 TV 광고가 제일 효과적이다. 왜냐하면 아무리 장사에 열을 내고 상품을 싸게 팔려 한다 해도 고객이 그 상품 이름을 모른다면 노력하는 힘에 비해 상품이 덜 팔리기 때문이다.

에도의 미쓰이나 다이마루 같이 오랜 세월을 계속해 온 노포(老鋪)도 '여름철이 다가왔습니다. 때를 놓치지 말고 어서 오십시오'하고 고객에게 호소하지 않으면 좀처럼 사러 오지 않는다. 그러므로 특히 새로 상점을 여는 사람이나 그다지 세상에 알려지지 않은 상인인 경우에는 가능한 한 광고를 많이 해야 한다.

더구나 광고문은 '의외로 바보같이 보이고 사람들의 이목을 집중시키는' 것이 아니면 그 효과가 크게 나타나지 않는다.

광고의 빈도수도 문제된다. 거듭되면 자연히 사람들에게 알려지므로 상점은 점점 번창한다. 이에 대해 어느 유럽의 신문이 '광고의 비결'이라 칭하며 다음과 같이 쓰고 있다.

① 한두 번으로 그 효과를 기대해서는 안 된다. 처음 광고는 그저 눈을 스치게 할 뿐 결코 읽어 보지 않는다.

② 두 번째도 사람들은 주목하지 않는다.

③ 세 번째가 되어야 사람들은 비로소 그런 광고가 나왔구나 하는 것을 알게 된다.

④ 전에도 이런 광고가 나왔었는데 하고 기억을 되살리게 된다.

⑤ 다섯 번째 광고로 비로소 사람들이 읽는다.

⑥ 여섯 번째가 되면 시선을 돌리고 읽지 않는다.

⑦ 겨우 읽어 보기는 하지만, 귀찮다고 말한다.

⑧ 아아, 또 그 귀찮은 광고가 나왔구나 하는 정도.

⑨ 아홉 번째 광고로, 어쩌면 약간의 가치가 있는지도 모른다고 사람들이 생각하게 된다.

⑩ 열 번째 광고가 나면 이웃 사람에게 '그 물건을 샀다가 속은 일이 없습니까' 하고 물어 보고 싶은 생각이 든다

⑪ 이렇게 자주 광고를 하면서 제대로 광고료나 지불하는지 모르겠다고 생각하게 된다.

⑫ 열두 번째 광고를 보면, 아마 이 상품은 엉터리가 아닐 것이라고 생각하게 된다.

⑬ 틀림없이 좋은 물건일 것이라고 믿게 된다.

⑭ 이것이야말로 진작부터 자기가 바라던 물건이라 믿는다.
⑮ 기회가 오면 사야겠다고 결심한다.
⑯ 상품 이름과 그것을 파는 상점을 수첩에 적게 된다.
⑰ 그러나 지금은 살 돈이 없어 유감이라고 생각한다.

76
손님 끄는 방법 다섯 가지

① 자극이 필요하다
 주위를 끌기 위한 자극. 눈을 자극하는 무늬나 마음을 자극하는 문자가 특히 중요하다.
 물론 문자가 크기만 하다고 좋은 것은 아니다. 여기에 그림을 곁들이고 기발한 문안, 특히 멋진 캐치 프레이즈를 사용하여 사고 싶은 마음을 북돋아야 한다. 살 필요가 있다고 느끼게 한다.

② 미감(美感)이 필요하다
 보아서 아름답고 문안 역시 아름다워야 한다. 미쓰코시 고후쿠덴(포목점)의 광고는 시가체(時歌體)로서 아름다웠다.
 '멀면 진체저금(振替貯金) 3백 번, 가까이는 들러 보는 미쓰코시 상점'

③ 반복이 필요하다

익숙한 목수라도 한 번에 못을 박을 수 없고 또 박아지지도 않는다. 광고는 반복이다. '낙숫물이 돌을 뚫는다'는 말이 있듯이 사람의 마음에 깊이 스며들게 한다.

④ 새로운 의장(意匠)의 필요

반복은 필요하지만 도가 지나치면 진부해져서 오히려 평범하게 되고 만다. 남의 흉내를 내지 말고 독창적인 디자인을 연구한다.

⑤ 광고하기 전에 필요한 것들

ⓐ 상품 이름 —— 현대 말로는 네임이다. 간단하고 고상하며 기억하기 쉬운 이름이 좋다. 복잡하고 저질스러우며 기억하기 어려운 이름의 상품은 상점 진열품에 지나지 않는다.

'주소가 분명치 않아 우체국에 남아 있는 우편물' 같다.

ⓑ 상품 진열 —— 진열도 일종의 광고이다. 진열이 잘 되어 있으면 사고 싶은 욕망이 생긴다. 보는 손님으로 하여금 아름다운 느낌을 주게 된다.

느낌을 요소별로 분류하면 조화·통일·변화의 세 가지가 된다. 상품을 어떻게 배열하고 어떤 색조로 조화를 이룰 것인가 생각하고 또 고객의 편의를 도모해야 한다.

나아가 상품의 입지 조건, 점원의 언어 동작은 고객의 심리에 영향을 준다. '편리와 친절은 고객을 끄는 최선의 방책'이다.

ⓒ 인기 —— 고객의 심리 상태를 파악하고 인기의 전파성에도 유의

한다.

사람도 여러 가지, 세상도 여러 가지여서 읽기도 어렵고 통하기도 어렵다. 통하기 어려운 곳에서는 두 가지 모순을 발견하게 되고, 읽기 어려운 곳에서도 역시 두 가지 충돌을 보게 된다.

두 가지 모순이란 무엇이며 또 두 가지 충돌이란 무엇인가.

한편에서는 생존 경쟁이 우승 열패를 낳고, 한편에서는 조화 협조가 서로를 돕는 것을 말한다. 이 동료의식이 있음으로 해서 사회는 결합이 가능하다. 이 생존 경쟁이 있음으로 해서 사회는 발전한다.

광고론도 이 정도가 되면 상당히 의미가 깊다. 이 가운데서 현대 상인으로서 그 저류에 흐르는 영원한 진리를 파악하고, 동시에 시대의 차이도 판별하지 않으면 안 된다.

오사카 상인의
지독한 돈벌기 76가지 방법

1판 1쇄 인쇄 / 1998년 01월 10일
1판 6쇄 발행 / 2016년 08월 10일

지은이 / 소큐 도미코
엮은이 / 미래경제연구회 · 진준태
디자인 / 정은영

펴낸이 / 김영길
펴낸곳 / 도서출판 선영사
주 소 / 서울시 마포구 서교동 485-14 선영사
TEL / (02)338-8231~2 FAX / (02)338-8233
E-mail / sunyoungsa@hanmail.net

등 록 / 1983년 6월 29일 (제02-01-51호)

ISBN 978-89-7558-315-5   03320

ⓒ Korea Sun-Young Publishing. co., 1998

· 잘못된 책은 바꾸어 드립니다.